# Mulheres São Como Flores

## Vencendo no jardim da vida

Flávia Silva

# Mulheres São Como Flores

## Vencendo no jardim da vida

Ágape

São Paulo/2013

COORDENAÇÃO EDITORIAL: Letícia Teófilo
EDITORAÇÃO ELETRÔNICA: R..P. Tiezzi
CAPA: Monalisa Morato
REVISÃO: Mary Ferrarini
Patrícia Murari

DADOS INTERNACIONAIS DE CATALOGAÇÃO NA PUBLICAÇÃO (CIP)
(Câmara Brasileira do Livro, SP, Brasil)

Silva, Flávia

Mulheres são como flores / Flávia Silva. -- São Paulo : Ágape, 2013.

1. Mulheres - Conduta de vida 2. Mulheres - Vida cristã 3. Mulheres - Vida religiosa I. Título.

13-08377 CDD-248.843

Índices para catálogo sistemático:
1. Mulheres : Vida cristã : Cristianismo
248.843

2013

IMPRESSO NO BRASIL
*PRINTED IN BRAZIL*
DIREITOS CEDIDOS PARA ESTA EDIÇÃO À ÁGAPE EDITORA LTDA
CEA — Centro Empresarial Araguaia II
Alameda Araguaia, 2190 — 11º andar — Bloco A — Sala 1112
CEP 06455-000 — Alphaville — SP
Tel. (11) 3699-7107 — Fax (11) 3699-7323
www.agape.com.br
atendimento@agape.com.br

## DEDICATÓRIA

A todas as mulheres que descobriram em Deus a força motivadora para desabrochar como flores no desafiador jardim da vida.

# Agradecimentos

À minha querida mãe flor, minha amiga de todas as horas. Seu amor me inspira e me ensina a exalar um perfume melhor a cada dia. Suas convicções de fé fazem de você uma mulher forte como as bromélias. Te amo muito!

À Christina Gregório, minha querida pastora, mulher incrível, verdadeira flor perfumada que me ensina com sua postura de mulher virtuosa. Você é um exemplo de mulher!

À querida Lourdes, por ser uma mulher de fibra, de fé. Ensinou-me que confiar em Deus é um estilo de vida. Sua fé me desafia a vencer qualquer obstáculo.

À querida Marluce (Tia Luce), que, embora mãe de seis filhos (três deles trigêmeos), dedicou-se com muito carinho e fez de meu filho, Natã, o seu sétimo filho. Obrigada por cuidar dele como segunda mãe. Você é especial para mim!

A todas as pastoras, amigas, leitoras, ovelhas e a tantas mulheres bromélias, margaridas, lírios... Amo todas vocês!

# Sumário

Não corra atrás das borboletas; plante uma flor em seu jardim e todas as borboletas virão até ela.

D. Elhers

# Prefácio

*Mulheres são como flores* é um livro destinado a todas as mulheres. Encontramos nesta obra palavras importantes sobre o verdadeiro valor das mulheres. A autora – cunhada, linda! Uma fiel e dedicada serva de Deus, que demonstra por seus frutos ser uma mulher virtuosa, é também grande líder na obra que o Senhor tem confiado a ela.

Há diversidades de flores, cores e fases de floração. Assim como as flores, as mulheres têm algumas semelhanças quanto às suas "fases de floração". A exemplo das rosas que são tão diferentes umas das outras, são bonitas da sua própria maneira e cada uma possui características únicas.

Tenho um pequeno jardim em casa e constantemente o estou regando e aparando minhas rosas. Inclusive converso com elas... Recentemente, em março deste ano, as aparei e durante a minha conversa com elas disse para que não ficassem tristes, pois elas viriam a florescer muito mais. No final de abril essa roseira estava com trinta lindas rosas enfeitando a minha janela. Fui até elas, fotografei e disse: "Como vocês estão lindas!".

Muitas vezes mulheres deixam de florescer por situações diversas, problemas familiares... Mas temos um bom Jardineiro que cuida de nós, e sempre quer nos ver florescendo.

Todas nós somos mulheres únicas no jardim de Deus. Flores fortes, lindas e formosas. No belo jardim da vida todas somos flores.

Desejo a você, mulher, uma boa leitura, e que ao final desta você esteja decidida a vencer os obstáculos da vida e floresça cada dia mais.

Pastora Christina Gregório

(Pastora do Ministério Apascentar Internacional)

# Introdução

*A mulher é uma flor que se estuda, como a flor do campo, pelas suas cores, pelas suas folhas e sobretudo pelo seu perfume.*
(José de Alencar)

As mulheres possuem grande capacidade para superar e vencer a rotina de todos os dias, executando múltiplas atividades ao mesmo tempo e, ainda assim, são capazes de exalar um bom perfume ao final de mais um desafiador dia.

Nem sempre terminamos um exaustivo dia com um doce aroma, no entanto o mais importante é que temos uma capacidade extraordinária e divina para desabrochar o melhor que há em nós, mesmo em meio a tantas limitações emocionais. Viver como flores em um belo jardim de primavera ou preferir o deserto da amargura é uma decisão pessoal. *Mulheres são como flores* traduz a beleza de uma criação muito bem pensada e perfeita de um Deus criativo e surpreendente em seus propósitos. Ao preparar o belo Jardim do Éden com as mais variadas espécies de plantas e vegetais, Ele percebeu que em seu lindo jardim faltava uma flor rara: a mulher! Que mais bela ideia de Deus! Ele precisava fazer nascer nesse jardim algo forte, porém frágil e delicado. Virtuoso, mas com entraves para serem vencidos e aperfeiçoados Nele. Uma ajudadora, para junto com o homem, alavancar os Seus projetos sobre a terra. Então, Deus assumiu a responsabilidade de cuidar, regar e vigiá-la todos os dias até a consumação dos séculos e supri-la em suas necessidades mais profundas.

Uma bela flor sempre chama a atenção e muitas delas são espalhadas pela terra pelo nosso maravilhoso Criador, que sempre planeja tudo com amor. Cada flor tem sua beleza e também o seu valor. Lírios, margaridas, bromélias ou rosas, todas são vestidas por Deus e em Seu jardim têm igual importância.

Mulheres vivem em constante processo de desabrochar, por isso devem estar sempre submetidas aos cuidados do Eterno Criador, aceitando o Seu poder transformador e curador como doses diárias para um crescimento saudável. Permita que Deus toque em áreas de sua vida que precisam do Seu bálsamo curador. Ele é um habilidoso especialista e sabe a dose certa do remédio para nossas questões mais intocáveis. Age em todo trauma, dor e marcas causadores de incômodo e tristeza. No jardim Dele não há espaço para esterilidade, então deixe Deus te regar, mexer na sua terra e a perfumar como mulher preciosa e muito amada.

Em uma de suas crônicas, Luis Fernando Verissimo diz que mulheres são como espiãs de Deus.

Elas conversam com os olhos. Conseguem pedir umas às outras para mudar de assunto com apenas um olhar. Sentem ou preveem que alguém tem algo contra você, que alguém está ficando doente ou que você quer terminar seu relacionamento amoroso.

E quando diz que vai fazer frio e manda você levar um casaco? Rio de Janeiro, quarenta graus, você vai embarcar em um avião com destino para São Paulo. Cerca de meia hora de voo. Avisa que "vai fazer frio". Você não leva nenhum casaco. O que acontece? Devido ao tráfego aéreo, o avião não decola e fica parado por quase duas horas. O ar-condicionado chega a pingar gelo, de tanto frio que faz dentro dele!

"Leve um sapato extra na mala, querido. Vai que você pisa numa poça..." Se você não levá-lo, meu amigo, leve dinheiro extra para comprar outro, pois o seu, sem dúvida, vai molhar.

O sexto sentido é inexplicável! É a comunicação direta com Deus! Ele não criou a mulher com sexto ou sétimo sentido, mas a gerou com muitas virtudes e belezas a serem exploradas.

Uma mulher que é um exemplo para os outros verem. Uma mulher virtuosa que odeia o pecado. Uma mulher muito acima dos padrões estabelecidos por este mundo é aquela que deposita a fé e a confiança no Senhor. Ela sabe que nenhuma arma forjada contra ela prosperará. Sabe que ela não é a cabeça do homem, mas quando se trata de suas situações difíceis, exerce com ousadia seu papel de mulher de fibra. Embora vaso mais fraco, é feita forte pela sabedoria e graça. É delicada, graciosa e perfumada como uma flor, mas possui uma força extraordinária quando pressionada em circunstâncias ameaçadoras.

Mulheres foram criadas para viver em toda a plenitude da bênção do Senhor, mas muitas estão sofrendo, vivem infelizes e não sabem qual sua real identidade no Reino Dele. Desejo, em Cristo, que após ler este livro você se liberte de tudo que a impeça de florescer e crescer com fertilidade no belo jardim do Criador.

# Capítulo 1

# Como Flores no Jardim de Deus

*Eu, o Senhor, a vigio a cada momento, a regarei, para que ninguém lhe faça dano, de noite e de dia eu cuidarei dela.* (Isaías 27.3)

Existe um cuidado muito especial que Deus tem com a vida das mulheres. É como se o Senhor fosse uma sentinela, que fica nos vigiando vinte e quatro horas por dia para que ninguém não nos faça mal algum. Você tem um guarda-costas. Ele nos protege dos adversários, nos mantêm em segurança em meio às nossas guerras e nos aconselha por meio de Sua Santa Palavra. E o mais importante de tudo é que esse cuidado de Deus não depende de nenhum desempenho espetacular de nossa parte. Ele nos amou primeiro, muito antes de nossa formação no útero materno. O amor Dele por nós é incondicional.

O Senhor é como um jardineiro que, com muito cuidado, vai te regando todos os dias para crescer. Usa o adubo da Sua palavra para crescermos saudáveis. Ele coloca água na medida certa para você permanecer forte e saudável. Em Seu jardim, Ele tem uma fonte inesgotável jorrando vida. A cada momento do dia, a cada dificuldade, desencontro ou em momentos de suspiros de alegria, Ele nos vigia para que nossas emoções não nos afastem da realidade. E carinhosamente nos transporta para um lugar seguro.

Deus é um grande e habilidoso escultor de Suas obras. E como um cuidadoso Criador, usa toda a criatividade para projetar em nós o melhor da Sua semelhança.

## VASOS FRÁGEIS, MAS CHEIOS DE PODER

> *Igualmente vós, maridos, coabitai com elas com entendimento, dando honra à mulher, como vaso mais fraco; como sendo vós os seus coerdeiros da graça da vida; para que não sejam impedidas as vossas orações.* (1 Pedro 3.7)

Deus ama tudo que criou, mas que me desculpem os homens, mas tudo que é mais frágil precisa de cuidados especiais. Vasos frágeis, sim, mas repletos de ousadia e de um grande potencial de superação. Vasos frágeis, sim, mas para que a excelência do poder não venha de nós, mas do Senhor.

Fico imaginando como Deus, o Grande Criador, elaborou o projeto "mulher". Penso que tudo estava indo muito bem até criar o homem, mas, quando olhou para ele, deve ter pensado: *Falta alguma coisa. Vou criar algo muito diferente dele. Será muito capaz, mas terá um toque de delicadeza. Será muito forte, mas precisará de alguém para protegê-la e para fazer com que se sinta segura.*

Apesar da fragilidade, as mulheres possuem uma reserva de força para usar quando necessário. É lindo perceber que mesmo frágeis possuímos um enorme potencial para vencer desafios do dia a dia. Somos capazes de fazer inúmeras coisas ao mesmo tempo: trabalhar, cuidar da casa, dedicar-se aos filhos e ainda reservar um tempinho para o esposo e para o salão de beleza. Dedicamos um tempo à Palavra, para orar, frequentar a igreja, enfim contribuir para o avanço do reino de Deus... Ufa! Apenas as mulheres são capazes de entender o que digo.

É incrível o fato de os homens serem gerados no ventre da mulher, nascer dela e ser amamentado por ela. O próprio Jesus teve essa experiência, e que honra para sua mãe dar à luz o ser mais especial e poderoso de todos, o próprio "Deus".

Muitas mulheres não gostam do comentário de Pedro, que as compara com "o vaso mais frágil". Pensando bem... Ser "frágil" tem suas vantagens! Claro, porque usar a força nem sempre é um trabalho para nós, mulheres. Acredito na importância de se aprender a trocar pneu de carro, mas sinceramente é melhor um homem fazê-lo. As feministas que me perdoem, mas prefiro que meu esposo troque a lâmpada, coloque o lixo para fora, conserte o chuveiro enquanto eu desempenho meu papel de mãe, de esposa e de mulher.

Não é nada conveniente usar o trecho de 1 Pedro 3.7 para diminuir a esposa ou colocá-la em um patamar inferior. Estudando a palavra do Apóstolo Pedro com mais atenção é possível perceber a real intenção da expressão "vaso mais frágil". Na verdade, o homem precisa ser mais cuidadoso em relação às necessidades da mulher e observar suas carências emocionais e espirituais com entendimento, paciência e amor.

O marido precisa ser mais vigilante no cuidado com a esposa, mas é fundamental vê-la também como parte fundamental para o crescimento do casal. Imagine Abraão com uma promessa de uma nação, se Sara não pudesse milagrosamente gerar. Se o homem possui uma promessa, ela decerto passa também por sua mulher.

Neste caso, frágil em grego refere-se à fraqueza física, e não à inferioridade intelectual. A mulher deve ser honrada pelo marido e ser digna de todo respeito e compreensão.

Imagino como seria o Éden antes de o Senhor criar a mulher. Depois de um dia inteiro cuidando do jardim, Adão deveria fazer uma bagunça nele. Será que ele deixava a toalha em cima de algum animal que encontrasse pelo caminho? A toalha deveria ficar jogada, ferramentas de trabalho por todo lado... Nem Deus estava aguentando mais!

Assim que Deus criou Adão, logo percebeu: "Não é bom que o homem fique só; farei uma ajudadora idônea para ele". Percebeu que faltava algo e só poderia ser a mulher! Costumo brincar com o meu esposo dizendo: "Deus fez o homem primeiro porque uma obra perfeita como a mulher precisava de um esboço". Na realidade houve um cuidado especial de Deus para essa linda criação. Apóstolo Pedro em sua carta no capítulo 3, versículo 7 diz que o homem que não honrar a mulher como vaso mais frágil, Deus simplesmente não poderá ouvir suas orações. Pense bem, Deus disse que ficaria surdo perante a oração do homem que não tratasse sua mulher com dignidade. Que responsabilidade! Isso também não se torna um troféu a ser usado em momento oportuno. A força feminina é medida pela capacidade de compreensão de seu papel, de acordo com a Palavra de Deus e ser bênção em casa, na família e no casamento.

> *Aflição e angústia se apoderam de mim; contudo os teus mandamentos são o meu prazer.* (Salmos 119.143)

Impressiona-me a capacidade que a mulher tem de superar dor. Suportar por muitas horas o trabalho de parto, sentindo fortes contrações. No entanto, tudo se transforma, sorri ao ver o filho nascer.

A mulher suporta muito mais dor se comparada ao homem; acredito que temos um pouco mais de resistência. Quando meu filho nasceu, embora tenha feito uma cesariana, lembro-me até hoje da minha recuperação, o conhecido resguardo. Este não é muito fácil, sobretudo porque durante esse período tudo que uma mulher mais precisa é dormir, mas isso não é possível porque o lindo bebezinho insiste em mamar toda madrugada. Mesmo cansada, com sono e com dor somos capazes de amamentar com muita alegria. Alguns esposos até tentam ajudar... Mas não foram chamados por Deus para fazer essa tarefa com tanta dedicação quanto nós. Eles até se esforçam, mas, sinceramente, desempenhamos melhor o cuidado com os filhos e é sempre melhor fazer com prazer aquilo que Deus já nos deu como habilidade natural.

*Jardim fechado, és tu, minha irmã, noiva minha, manancial recluso, fonte selada.* (Cantares 4.12)

Deus quer que você se realize em todas as áreas de sua vida. Ele está cuidando de você para não se desviar de Seus propósitos. Está cuidando de você de forma plena e completa para nada atrapalhar sua caminhada na presença Dele.

O que é um jardim fechado? É um jardim protegido de ataques externos, mesmo sujeito às ameaças de fora dele. Muitos predadores querem atacá-lo. Existe uma enorme variedade de pragas que surgem para acabar com o cultivo no jardim, como, por exemplo, o pulgão. Trata-se de um inseto que suga seiva das plantas e transmite viroses, causando enrolamento das folhas; é comum o ataque em muitos tipos de plantas. Em geral são encontrados nas folhas e nos botões das flores. A ação do inimigo costuma se manifestar no florescer, ou seja, no início de uma conquista, para impedir o avanço, a prosperidade.

As formigas-cortadeiras são a praga mais encontrada nos jardins. Sua ação consiste em cortar as folhas das plantas, atrasando seu crescimento e às vezes levando-a à morte. Fique atenta a esse mal e se ameaças externas não têm impedido o seu crescimento.

Outra praga também ameaça os jardins: os fungos. Na floricultura, o mais preocupante deles é o chamado “mofo cinzento” ou *botrytis*. O sintoma típico é a podridão de flores e folhas. Quero chamar sua atenção para que nenhuma influência externa roube a fertilidade de seu jardim. Tudo que o inimigo mais deseja é que você não floresça e dê frutos.

Um discípulo estava muito triste e desabafou para seu mestre: "Como faço para não me aborrecer com as pessoas? Como faço para viver melhor e mais feliz se algumas falam demais, falam de nossa vida, gostam de fazer intriga, fofoca, outros nos julgam segundo suas opiniões distorcidas. Algumas são indiferentes. Ficamos muitas vezes magoados e sofremos com quem nos calunia". Então o mestre advertiu: "Pois viva como as flores!". "Como é viver como as flores?", perguntou o discípulo. "Repare nestas", continuou o mestre, apontando lírios que cresciam no jardim. "Elas nascem no esterco, entretanto são puras e perfumadas. Extraem do adubo malcheiroso tudo que lhes é útil e saudável, mas não permitem que o azedume da terra manche o frescor de suas pétalas. É justo angustiar-se com as próprias culpas, mas não é sábio permitir que os vícios dos outros o importunem. Os defeitos deles são deles, e não seus. Se não são seus, não há razão para deixar-se influenciar por eles. Exercite, então, a virtude de rejeitar todo mal que vem de fora. Isso é viver como as flores."

Rejeite tudo que a impeça de exalar o perfume de uma flor. Não permita que nada roube seu doce frescor, mesmo em meio às circunstâncias azedas da vida. Use como adubo para o seu crescimento o que tenta se levantar como ameaça no seu jardim. Afinal, mulheres são como flores!

Os povos mais antigos adotavam o princípio de que a mulher que fosse espólio de guerra poderia ser usada como escrava sexual e também para o trabalho, mas Deus deu a Seu povo regulamentos muito diferentes, que serviam para proteger a dignidade da mulher capturada.

O nosso Deus é o grande protetor que cuida com amor das "flores" do Seu imenso jardim. Deus é Pai e protetor. Guarda-nos por meio do Seu Espírito. Podemos nos refugiar em Seus braços de amor e sempre que precisarmos poderemos encontrar restauração para a alma. Haverá ocasiões em que vamos precisar nos sentir seguras e, como meninas, precisaremos do colo de um Pai amoroso. Que bom podermos ter um lugar de segurança em Deus.

> *Quando saíres à peleja contra os teus inimigos, e o Senhor, teu Deus, os entregar nas tuas mãos, e tu deles levares cativos, e vires entre eles uma mulher formosa, e te afeiçoares a ela, e a quiseres tomar por mulher, então, a levarás para casa, e ela rapará a cabeça, e a cortarás as unhas, e despirás o vestido do seu cativeiro, e ficará na tua casa, e chorará a seu pai e a sua mãe durante um mês. Depois disto, a tomarás; tu serás seu marido, e ela, tua mulher. E, se não te agradares dela, deixá-la-ás ir à sua própria vontade; porém de nenhuma sorte, a venderás por dinheiro, nem a tratarás mal, pois a tens humilhado.* (Deuteronômio 21.10-14)

Que maravilhoso saber que o vitorioso não tinha permissão para avançar sobre a presa de guerra; ele tinha de decidir entre ficar com ela como trabalhadora ou como esposa. Se ele a quisesse tomar como esposa, seria advertido a não tratá-la como prisioneira. Teria de providenciar roupas para a mulher, pois ela não usaria mais as que vestiu no cativeiro. Além disso, teria que dar-lhe, também, um mês de luto, e assim ela poderia chorar por todos os parentes perdidos na guerra.

Deus conhece nossos sentimentos, e os respeita muito. Ele está sempre pronto a nos fornecer todo o suporte necessário à nossa restauração, preparando com grande amor todos os detalhes. A possibilidade de recuperação sempre nos será dada por Ele. Mas é muito importante também você ter uma atitude positiva diante das perdas e dos dilemas da vida.

Deus usou de Seu amor para proteger a mulher para que não fosse reduzida da posição de esposa para a de escrava. Não permitiu que fosse tratada como um objeto com o qual se negocia e ganha dinheiro. O marido tinha a permissão de mandá-la embora apenas se a respeitasse como pessoa livre. Da mesma forma que ele só tinha permissão para se aproximar dela se a respeitasse como pessoa.

Que amor incrível Deus tem pela mulher! Que respeito tem ao nos considerar pessoas de valor equiparável aos homens, a ponto de demonstrar muito cuidado nos decretos feitos para nos proteger! Se você procurou a vida inteira por segurança e nunca encontrou, saiba que em Cristo Jesus pode se sentir segura e saciada.

Uma mulher conhecida na Bíblia como mulher samaritana (nascida em Samaria) teve um encontro com Jesus próximo a uma fonte de água. Disse a ela que Ele tinha água para oferecer e que se ela a bebesse jamais voltaria a ter sede. Desafio você a buscar refúgio Nele. Aconselho-a procurar matar a sua sede Nele. Talvez você já recebeu promessas que nunca foram cumpridas, ouviu palavras doces que nunca se realizaram, mas a promessa de te saciar vem de Jesus, um homem que jamais poderá mentir.

O texto de Cantares diz que somos fonte selada. Deus é o nosso Jardineiro e possui todas as ferramentas necessárias para nos proteger de estranhos invasores. Ele quer selar a sua vida de uma forma que, mesmo se você for ferida, não vai permanecer nesse estado porque tem o selo do Senhor.

Mesmo se for injustiçada, vai confiar que o Senhor é a tua justiça, você tem o selo do Senhor. Mesmo se for humilhada, vai andar de cabeça erguida, porque tem o selo do Senhor. Você é o manancial do Senhor!

## JARDIM OU DESERTO?

> *O Anjo do Senhor encontrou Hagar perto de uma fonte no deserto, no caminho de Sur, e perguntou-lhe: "Hagar, serva de Sarai, de onde você vem? Para onde vai?" Respondeu ela: "Estou fugindo de Sarai, a minha senhora". Disse-lhe então o Anjo do Senhor: "Volte à sua senhora e sujeite-se a ela". Disse mais o Anjo: "Multiplicarei tanto os seus descendentes que ninguém os poderá contar". Disse-lhe ainda o Anjo do Senhor: "Você está grávida e terá um filho, e lhe dará o nome de Ismael, porque o Senhor a ouviu em seu sofrimento. Ele será como jumento selvagem; sua mão será contra todos, e a mão de todos contra ele, e ele viverá em hostilidade contra todos os seus irmãos". Este foi o nome que ela deu ao Senhor que lhe havia falado: "Tu és o Deus que me vê", pois dissera: "Teria eu visto Aquele que me vê?". Por isso o poço, que fica entre Cades e Berede, foi chamado Beer-Laai-Roi.*
> (Gênesis 16.7-14)

Na vida há momentos em que nos vemos em um longo e terrível caminho que muitas vezes vai de mal a pior. Não há ninguém com quem possamos contar. Aliás, parece que todos estão jogando contra nós, e o futuro é totalmente incerto e ameaçador. Nesses casos, a melhor alternativa parece ser a fuga. Mas fugir para onde? Se fosse possível, "deletaríamos" tudo e começaríamos de novo. Na vida, porém, as coisas nem sempre são assim.

Será que você está passando por isso neste momento? Será que você necessita de um pouco mais de ânimo, de auxílio e de esperança renovada para seu futuro?

Nos desertos, como você bem sabe, não há vegetação, o calor é intenso e também não existe vida. O mais famoso deles é o do Saara, que tem avançado muitos países, motivo de preocupação para estudiosos.

Ao pensar em desertos, o que vem à cabeça não é positivo. Qual é o sinônimo de deserto? Quando imaginamos um, lembramo-nos das altas temperaturas, da falta de água... Deserto lembra falta de vegetação, alimentação e vida. O profeta Isaías disse a Israel que viria um deserto. Como se estivesse dizendo: "Povo de Israel, preparem-se, porque vocês estão indo para um deserto espiritual, porém, mais tarde, se tornarão em jardim, florescerão e terão vida". Jesus, ao falar sobre as águas que Ele teria para oferecer à mulher samaritana, na verdade ele estava dizendo: "Posso transformar o seu deserto em jardim".

Se você falar a um judeu sobre deserto, a primeira coisa que se lembrará será dos quarenta anos que seu povo passou por lá. Naquele período o povo de Israel era totalmente dependente de Deus. Dependiam de tudo para sobreviver. Deus os vestiu, os alimentou e os sustentou no tempo de deserto. Eles estavam vivendo um tempo de seca e se Deus não os transformassem estariam perdidos. No entanto, Deus é poderoso e transforma qualquer deserto em um lindo jardim.

Hagar foi para o deserto fugindo de Sara, sua senhora. Uma situação de conflito a fez fugir para o deserto. Deus transforma cenários adversos em cenários de bênção. Hagar foi conduzida por Deus àquele lugar para conhecer o poder de Deus de transformar desertos em jardins. Ao contrário do que ela poderia imaginar, encontrou no calor do seu deserto um anjo, uma fonte, e melhor: uma promessa foi feita a ela no meio do deserto. Disse o Anjo: "*Multiplicarei tanto os seus descendentes que ninguém os poderá contar*". *Disse-lhe ainda o Anjo do Senhor: "Você está grávida e terá um filho, e lhe dará o nome de Ismael, porque o Senhor a ouviu em seu sofrimento.*" (Gênesis 16.10-11).

Quero fazer uma pausa para lhe dizer que mesmo que você esteja no pior deserto de sua vida, Deus pode mudar sua realidade. Jesus, ainda hoje, transforma desertos em mananciais e abre caminhos onde muitas vezes não vemos saída. Deus se revelou a uma simples escrava fugitiva como o Deus que vê (Gênesis 16.13). O que Ele não pode fazer por você? Com doce habilidade, Deus foi ao encontro de Hagar, cercou-a de cuidados e permitiu que experimentasse Sua presença.

João Batista, quando estava preso, sentia-se um pouco desanimado, pois havia pregado muito e via ainda um grande deserto espiritual. Pediu aos seus discípulos que fossem a Jesus para tirar as suas dúvidas e seus anseios. A resposta de Jesus foi maravilhosa: *Ide, e anunciai a João o que estais ouvindo e vendo: os cegos veem, os coxos andam, os leprosos são purificados, os surdos ouvem, os mortos são ressuscitados, aos pobres está sendo pregado o Evangelho* (Mateus 11.4-5).

Jesus queria mostrar a João que, mesmo que ele estivesse vendo um deserto ali na prisão e em Israel, a água já havia chegado. Jesus é a Água da Vida que transforma desertos em jardins, para a glória de Deus. Hoje você não precisa estar sem esperança, pois, embora esteja vendo um grande deserto, a Água da Vida que transforma desertos em jardins chegou: Jesus!

Quando existe água, existe um jardim e há um jardineiro. Jesus está cultivando o deserto de nosso coração, a fim de transformar-nos em jardins para a vida eterna. A escolha é sua, deserto ou jardim?

Não importa onde você esteja hoje, Jesus pode transformar qualquer deserto em jardim. Não importa o mal que possa estar te afligindo, Ele é o bálsamo para qualquer ferida, é refrigério para toda dor, é a água para qualquer tipo de sede, é a completude para todo vazio.

Talvez eu tenha escrito este livro para mulheres que perderam as esperanças. Saiba que Deus pode restaurar você. Pode encontrá-la no meio do deserto e restaurar a sua alma.

Talvez, assim como Hagar, esteja atravessando um deserto; acredite, é possível sobreviver a ele. Acredite, não é impossível superar e dar a volta por cima. Você já venceu e vai continuar vencendo. Saltou outros obstáculos e vai continuar fazendo o mesmo ao longo de sua vida. Deserto ou jardim, não importa. O que não pode faltar é a presença do Jardineiro Jesus, porque com Ele até o deserto floresce.

*A cada momento do nosso dia, a cada dificuldade, desencontro ou em momentos de suspiros de alegria, Jesus nos vigia para que nossas emoções não nos afastem da realidade. E carinhosamente nos transporta para um lugar seguro.*

# Capítulo 2

# Desabrochando como Flores

*Porém ela lhes dizia: Não me chameis Noemi; chamai-me Mara; porque grande amargura me tem dado o Todo-Poderoso.* (Rute 1.20)

Viver é como desabrochar a cada dia e crescer a cada momento. Uma nova página vai surgindo dentro da nossa história, ciclos diferentes se iniciam trazendo novas oportunidades. Desabrochar é continuar a viver, pois os eventos do passado podem nos levar a uma perspectiva ou a um ponto de vista sobre a vida menor do que Deus tem para nós.

Deus tem um crescimento para você, mulher! Seja na área emocional, familiar, profissional, ministerial ou física. Quero esclarecer que, mesmo com grande esforço da sua parte, você não viverá um "desabrochar pleno" sem a ajuda Daquele que é o maior especialista na delicada arte de cuidar de corações feridos e almas cansadas:

Jesus! Você não pode ajudar a si mesma. Há fardos, pesos, traumas, dores que somente Jesus poderá remover. Por onde começar então? Em primeiro lugar é necessário vencer as feridas do passado.

Temos que reconhecer que é muito difícil lidar com a dor, seja ela física ou emocional. Mas pelo menos podemos fazer a escolha de não deixar a dor dirigir a nossa vida. Podemos tomar a decisão de não permitir que a dor escolha os nossos caminhos e determine o nosso futuro. Rute e Noemi ficaram viúvas. Rute, a nora de Noemi, mesmo experimentando o luto fez a escolha certa: seguir em frente e vencer as feridas do passado, no entanto Noemi carregava uma pesada e atormentadora bagagem do passado. Já que ela não poderia fazer nada a respeito da morte de seu esposo, precisava alimentar a expectativa de um bom futuro. Se ela não podia mais mudar o passado poderia sonhar com o um novo tempo.

Cuidado com suas atitudes diante da dor! Você até pode sofrer, mas não pode alimentar a dor, não pode deixar a dor ser mais forte do que você. Deixe Deus cuidar de você! Tudo que precisa é se voltar para o Senhor! Jesus pode ser não somente o meu protetor, mas o meu melhor amigo, meu conselheiro. Ele é muito mais do que a visita a um culto semanal, é muito mais do que ter uma Bíblia aberta na estante. Ele é a própria vida. Como diz em Colossenses 1.17, *Ele é antes de todas as coisas. Nele tudo subsiste.* Jesus é a melhor arma secreta da mulher para os dias difíceis. Deus precisa não somente ser o Senhor do nosso presente e futuro, mas do nosso passado. Muitas mulheres precisam ser transformadas e curadas e isso só será possível se virem Deus como Senhor do seu passado. Ele é especialista em sarar todo trauma, toda dor, todo abuso. Ele é um habilidoso cirurgião que te cura do divórcio, da rejeição, da amargura e do medo. Querida flor, permita que o especialista Jesus mexa na sua terra e transforme você em alguém mais que especial.

*Vinde, e tornemos para o Senhor, porque Ele nos despedaçou e nos sarará; fez a ferida e a ligará. Depois de dois dias, nos revigorará; ao terceiro dia, nos levantará e viveremos diante dele. Conheçamos e prossigamos em conhecer o Senhor; como a alva, a sua vinda é certa; e ele descerá sobre nós como a chuva, como chuva serôdia que rega a terra.* (Oseias 6.1-3)

## VENCENDO TODA EXPECTATIVA ERRADA

*Porque certamente acabará bem; não será malograda a tua esperança.* (Provérbios 23.18)

Deixe Deus cuidar de você para romper com toda expectativa errada. Muitas vezes nos frustramos com as pessoas, imaginando que teriam comportamento igual ao que pensamos, mas nos esquecemos de que são indivíduos completamente diferentes de nós. Muitas vezes as expectativas que colocamos na nossa vida como adultos refletem ou tentam suprir aquilo que não tivemos na infância. Por exemplo, se você não foi uma criança muito elogiada terá a necessidade de receber elogios e incentivos de amigos e familiares, bem como o filho que teve uma mãe superprotetora tende a ter a necessidade de uma figura materna como apoio sempre muito próxima, muitas vezes transferindo o papel de mãe para a esposa e cobrando dela as mesmas atitudes.

Certa vez presenciei uma cena intrigante ao levar meu filho para a escola. Uma mãe acabara de deixar a filha de cerca de 14 anos na escola. Ao deixá-la no portão, deu um beijo na boca dela. Era perceptível a vergonha da menina. Instantaneamente ela levou a mão à boca, limpando-a. A mãe, extremamente agressiva, disse-lhe: "Nunca mais faça isso, nunca limpe o beijo que lhe dou". E saiu resmungando e dizendo que a filha era muito desobediente e ingrata. Notei que aquela mãe tinha expectativas erradas em relação à filha e uma assustadora dependência emocional.

Falhamos se não compreendemos que as pessoas que nos cercam são completamente diferentes de nós e nem sempre corresponderão a afetos com reciprocidade, gerando atritos diversos, caso não esteja à altura de suas perspectivas. Então é hora de analisar a sua atitude e ver se não está cobrando demais do próximo. Talvez você tenha vivido a infância e a adolescência norteada de cobranças e carências e por isso enfrenta problemas em seus relacionamentos.

Muitas trocam diversas vezes de parceiros, de namorados e não encontram nenhum à altura. Outras exigem demais e não conseguem encontrar ninguém, ou seja, as suas expectativas são absurdamente superiores.

Existem, ainda, pessoas que nunca admitem seus erros e sempre colocam a culpa no outro. Muitas vezes usam de artifícios dissimuladores, mentiras e malícia para não reconhecer as próprias falhas. Você não pode esperar que todo mundo mude porque você teve um passado difícil. Mude você mesma e diga adeus a toda bagagem emocional que não te permite ter uma vida abundante e feliz. Antes de se livrar do problema, você precisa ajustar sua atitude. A sua vida só poderá ser ajustada quando a sua atitude também for.

Uma das maiores libertações que pode acontecer na vida de uma mulher é libertar-se da fonte de sua amargura. Você precisa ser uma mulher que está sempre desabrochando para o novo, e não uma carregadora de dor.

Após eu enfrentar um aborto aos cinco meses de gestação ouvi de um amigo escritor, Léo Kades: "Transforme sua dor em poesia". E é isso que precisamos fazer o tempo todo, pois a minha atitude em relação a ela poderá me trazer morte ou vida. Vença toda expectativa errada hoje!

## VENCENDO TODA ESTERILIDADE

> *Já entrei no meu jardim, minha irmã, noiva minha. Colhi a minha mirra com a especiaria, comi o meu favo com mel, bebi o meu vinho com leite.* (Cantares 5.1)

No jardim de Deus não há espaço para esterilidade. Você já imaginou um belo jardim sem fertilidade? Já imaginou como seriam as flores de um jardim sem fertilidade? Certamente as folhas seriam secas, e assim qualquer vento leva as folhas com facilidade. Veja o que está escrito em Gênesis 25.19-21: *E estas são as gerações de Isaque, filho de Abraão. Abraão gerou a Isaque. E Isaque tinha 40 anos, quando tomou por esposa a Rebeca, filha de Betuel, o arameu de Padã-Arã, e irmã de Labão, o arameu. Isaque orou ao Senhor por sua mulher, porque ela era estéril; e o Senhor lhe ouviu as orações, e Rebeca, sua mulher, concebeu.*

Uma das condições que Satanás está sempre tentando implantar na mulher é a esterilidade, e esta é mais do que uma condição de não reproduzir no corpo, mas é a infertilidade na alma e no espírito.

Satanás deseja que a mulher seja incapaz de reproduzir, aliás o que o inimigo mais quer é que seja abortado tudo que possa nascer de bom na vida da mulher, principalmente quando se trata das promessas de Deus.

Mas... Quando Jesus Cristo morreu na cruz toda a esterilidade ficou nela.

Você está sendo cuidada pelo Senhor, regada por Ele, ninguém vai te fazer dano algum! Você é jardim do Senhor e no jardim Dele não terá espaço para esterilidade.

Eu oro para que mulheres que ainda não conceberam, oro para que mulheres engravidem de seus sonhos enquanto leem este livro, porque enquanto isso o guarda de Israel vai cuidar de toda a provisão emocional e física para que ao final de sua gestação você possa dizer que grandes coisas o Senhor fez por você e por isso você está alegre. Assim como o Senhor visitou Sara, ele está te visitando com poder para cumprir a promessa em sua vida.

> *Visitou o Senhor a Sara, como lhe dissera, e o Senhor cumpriu o que lhe havia prometido. Sara concebeu e deu à luz um filho a Abraão na sua velhice, no tempo determinado, de que Deus lhe falara.* (Gênesis 21.1-2)

Você é jardim do Senhor. Receba a cura de toda esterilidade no seu casamento. Receba cura de toda esterilidade financeira. Receba cura de toda esterilidade ministerial. Receba cura de toda esterilidade física, na alma e nas emoções! Você vai romper as barreiras das impossibilidades e viverá o futuro que Deus tem para você. A partir deste tempo você vai gerar, vai gerar. A partir deste tempo você vai produzir frutos e eles nascerão na estação certa.

## CONHECENDO O CUIDADO DO CONSOLADOR

> *E eu rogarei ao Pai, e ele vos dará outro Consolador, a fim de que esteja para sempre convosco, o Espírito da verdade, que o mundo não pode receber, porque não o vê, nem o conhece; vós o conheceis, porque ele habita convosco e estará em vós. Não vos deixarei órfãos, voltarei para vós outros. Mas o Consolador, o Espírito Santo, a quem o Pai enviará em meu nome, esse vos ensinará todas as coisas e vos fará lembrar de tudo o que vos tenho dito.* (João 14.16-18, 26)

O Espírito Santo viria como Parakletos, que quer dizer *para*, chamado ao lado e *kletos*, significa ajudar, consolar, advogar e confortar. É o Espírito Santo que estará conosco em qualquer situação sempre. Isso significa que não estamos mais vulneráveis e que temos uma ajuda duradoura e eterna. Você pode até perguntar: "Como, se não posso vê-lo ou ouvi-lo?". Alegra-me poder responder essa questão porque Deus não é como o homem que não passa de um simples mortal. Não é assim que podemos senti-lo e vê-lo.

Ele está dentro de nós, em nosso coração e, se você permitir, pode tomar conta de todo o seu ser. No mais profundo do seu espírito você pode sentir o toque Dele e perceber Sua doce voz falando contigo. Se você estiver em crise, a voz de Deus pode falar muito mais alto lhe dando a resposta que você tanto precisa. Precisamos ser mulheres de fé para O adorarmos todas as manhãs e sorrir para um Deus que não podemos ver. Sei que muitos podem não entender isso, mas ter o Consolador cuidando de você é ter a certeza de dias melhores mesmo que tudo ao redor possa estar desmoronando.

Saber que tenho Jesus cuidando de mim é não viver chorando pelos cantos, mas reagir. Entender o quanto Ele me ama e tem o melhor para mim é não me dobrar aos sentimentos destrutivos e desenvolver uma atitude de superação sempre. Mulher, não desista na primeira derrota e nem enxergue o seu momento com base em uma visão distorcida para o seu futuro. Porque Ele tem um bom futuro para você e sua esperança Nele jamais será frustrada.

Tudo que a mulher precisa é da mão do Senhor sobre a sua vida. Muitas vezes, por não entenderem a vontade soberana de Deus, as mulheres procuram suprir um espaço na vida com educação, horas no shopping, carreira, muitas atividades... Enquanto, na verdade, tudo de mais fundamental é o relacionamento com Deus. Quando o vínculo com Deus não é alimentado, anos de vazio criam um interior de sofrimento. E quando você menos perceber nenhuma maquiagem será capaz de esconder sua pobreza interior.

O convite de Deus a você para esse tempo é que você volte para o Senhor e o veja como Seu melhor conselheiro e ajudador e permita que um novo desabrochar se inicie em sua vida. Abandone toda atitude defensiva, pois o Senhor será a sua defesa. Não pare por causa de seus acusadores, responda com fé. Corrija definitivamente suas atitudes, pois assim você poderá estar fazendo um curativo em suas feridas. Aja com atitudes restauradoras e seja livre para viver plena e realizadamente.

> *Jesus é a melhor arma secreta da mulher para os dias difíceis. Ele precisa não somente ser o Senhor do nosso presente e futuro, mas o Senhor do nosso passado.*

# Capítulo 3

## Jardim Regado Por Deus

*Já entrei no meu jardim, minha irmã, noiva minha; colhi a minha mirra com a especiaria, comi o meu favo com o mel, bebi o meu vinho com o leite. Comei e bebei, amigos; bebei fartamente, ó amados. Levantei-me para abrir ao meu amado; as minhas mãos destilavam mirra, e os meus dedos mirra preciosa sobre a maçaneta do ferrolho. As suas faces são como um canteiro de bálsamo, como colinas de ervas aromáticas; os seus lábios são lírios que gotejam mirra preciosa.* (Cantares 5.1-5, 13)

Na Bíblia, jardim significa lugar de abrigo ou deleite. Para a cultura do Oriente, significava um lugar agradável e de repouso. Muitas referências são feitas a jardim na Bíblia descrevendo um lugar de proteção, com muita vegetação, água, sombra, silêncio e beleza. É preciso tempo e esforço para preparar um jardim. Deus está preparando o melhor para você. Sua tarefa é regá-la cuidadosamente com o melhor de suas especiarias, fazendo-nos refletir seus doces aromas.

Uma mulher chamada de "mulher hemorrágica" na Bíblia Sagrada decidiu encontrar-se com o Jardineiro Jesus. Citada no Evangelho de Marcos, no capítulo 5, sofreu com uma hemorragia durante doze anos. Certamente foi muito famosa na época por causa de sua enfermidade. Tentou curar-se de muitas formas, mas as tentativas foram frustradas. Isso porque procurou no homem o que somente Jesus seria capaz de lhe dar. Entenda bem, não estou desprezando a capacidade da medicina. Apenas creio que no caso dessa mulher o tratamento de Jesus, o médico por excelência, decerto produziu resultado mais eficaz. Apenas Jesus tem capacidade de curar um coração ferido. As cicatrizes só aumentam quando buscamos no homem aquilo que somente Cristo é capaz de fazer.

Quando a mulher tocou as vestes de Jesus fluiu virtude. Acredito ter fluído amor ágape, este que a fez ficar imediatamente livre de seu mal. Enquanto o homem tenta curar com muitos toques, ele consegue com apenas um.

Muitas mulheres se consultam com diversos médicos à procura de saída para sua dor, recebem muitas promessas de cura e gastam muito dinheiro sem ter resultado algum. É momento, então, de conhecer o poder do consolo da verdadeira cura. Foi esse poder que a mulher do fluxo de sangue conheceu e, quando ela o tocou em um momento de grande crise, foi curada. Pelo toque no Senhor ela foi restaurada por completo.

Deus quer te restaurar por completo. Ele se importa com sua saúde física, emocional e espiritual. Quando uma mulher toca no Senhor, transforma-se para sempre. Sua alma é livre das cadeias. Pode dizer que está no esconderijo do Altíssimo e segura nas sombras do onipotente Deus.

A mulher que ficou conhecida como a hemorrágica, agora seria lembrada como a mulher que tocou em Deus e teve a vida transformada. Não é maravilhoso? Quem não amaria um Deus assim? Como é bom saber que Jesus assume a tarefa de acabar com nossa dor quando nos aproximamos dele sem reservas e temores. Ele é nosso advogado. Aceita nossas causas sem cobrar por isso, aliás, já pagou um alto preço na cruz. Conhece os nossos segredos mais profundos e ainda assim se revela com uma compaixão sem limites. Que mulher não se sentiria confiante em ter um Deus que perdoa, mesmo que você pareça culpada? A Sua graça nos abraça todos os dias e mesmo que mereçamos um *outdoor* escrito "Culpada!", ainda assim ele diz "Inocente!". Que cuidado infinito! Que amor inenarrável!

Nenhuma de nós jamais poderá mudar nenhuma página escrita no passado, o que fizemos, o que fomos. Deus conhece toda a nossa trajetória, todos os nossos mais íntimos segredos e está sempre disposto a limpar nossa vida, quando tiramos a sujeira do tapete. Deus nos ama de forma tão perfeita e está sempre pronto para nos dar uma nova chance. Ele é um grande torcedor que se senta na plateia de nossas vidas e está sempre gritando "Vamos lá, tente novamente. Eu não desisto de você!".

Meu conselho é que você se esqueça de tudo que ficou para trás e que tem servido de obstáculo para o seu futuro. Avance para o novo que está à sua frente. Corra o mais depressa se puder. Melhor seria se fosse possível criar asas e voar para o destino que Deus tem para você. Saia do túnel que te levou para o passado e entre na rota da nova história que Deus tem para você.

Se alguém a magoou, perdoe e siga em frente. Se alguém a decepcionou, não abandone sua confiança em Deus. Afinal será que você nunca decepcionou ninguém? Respire fundo e decida lutar para sempre, mesmo que tudo mostre o contrário.

Levante-se toda manhã e agradeça ao Senhor. Agradeça por tudo, pois o Tudo de Deus sempre vai contribuir para o bem. Agradeça pelas suas superações, pois há dias que parecem infindáveis e quando menos percebemos eles já se foram e ficamos em pé.

Quando o Apóstolo Paulo diz "Tudo posso", na verdade está expressando sua dependência. Reconhece que se tem algo possível de ser feito, alcançado e vivido é porque há alguém muito maior que suas motivações. Isto é, "Se existe alguma coisa que realmente eu posso, vem de Deus que me fortalece".

Permita que o Senhor Jesus fortaleça você. Deixe Jesus regar o jardim das suas emoções, pois não existe nenhum ser humano no universo que seja totalmente livre ou sadio. Podemos ser pessoas salvas, mas não somos libertos de forma plena. É muito bom saber que fomos justificados por Deus, mas ainda assim não somos plenamente justos. Estamos em processo de cura, mas não somos totalmente sãos. Em níveis e em graus diferentes, todos nós somos vítimas de forças e sentimentos que não são da aprovação de Deus e que podem interromper nosso avanço.

Em nossa caminhada, muitas são as "ataduras" que podem destruir os nossos projetos e sonhos. Busque, com determinação, o milagre do crescimento emocional e da maturidade e cura para sua alma. Não permita que nenhum sentimento nocivo te escravize. Se algum tipo de medo tem servido de prisão, lance-se aos pés de Jesus, pois o amor Dele lança fora todo medo. Quem sabe, algum sentimento de culpa possa estar amarrando você. A verdade é que todos nós somos pessoas que nem sempre caminham em direções certas e nem sempre todos os nossos gestos são dignos de aplausos. Muitas vezes não damos real valor ao que deveríamos, nem sempre enxergamos as situações como de fato são. Quantas vezes queremos que a nossa opinião prevaleça, mas não respeitamos a opinião de outros, fazemos julgamentos precipitados... Como precisamos ser regadas pelo Jardineiro Jesus!

Quando Jesus foi até a casa de Lázaro, que já estava morto há quatro dias, Jesus mandou que tirassem a pedra, chamou Lázaro e ele saiu do túmulo todo cheio de ataduras. O milagre só poderia ser completo quando as ataduras fossem tiradas. Muitos amigos da família estavam em volta dele, inclusive suas irmãs, Marta e Maria. Lázaro havia sido embalsamado e envolto em ataduras, pois era o costume da época. Seria impossível ele mesmo retirar as ataduras. Era necessária a ajuda de outras pessoas.

Aprendi algo importante com a história da ressurreição de Lázaro: o milagre do crescimento emocional acontece quando Deus opera por intermédio de irmãos, irmãs e amigos em sua caminhada. Amizades sólidas, boas companhias, sábios conselheiros nos ajudam a retirar as ataduras limitadoras. Esse é um processo durante nossa jornada. Por isso não há crescimento na solidão e no isolamento. É na relação com as pessoas que crescemos, aprendemos, amadurecemos, desenvolvemos misericórdia e nos tornamos mais sadios. O Apóstolo Paulo ao dar conselhos ao Corpo de

Cristo, ele afirmou: *Não podem os olhos dizer à mão: não precisamos de ti; nem ainda a cabeça, aos pés: não preciso de vós* (1 Coríntios 12.21). Ouvi certa vez a seguinte frase: "Quem não se envolve, não se desenvolve".

> *Melhor seria se fosse possível criar asas e voar para o destino que Deus tem para você. Saia do túnel que te levou para o passado e entre na rota da nova história que Deus tem para você.*

# Capítulo 4

## Mulheres são como Bromélias...

*Porque o Senhor consolará a Sião, consolará a todos os seus lugares assolados, e fará do seu deserto como o Éden, e a sua solidão como o jardim do Senhor...* (Isaías 51.3)

As bromélias são muito especiais para mim. Tenho algumas delas em minha casa e sempre observei uma grande capacidade de resistência nessa espécie, mesmo nos dias mais quentes ou frios. Em uma temporada de férias estava à procura de uma diferente das que eu tinha e observei no meio do terreno que as vendia uma delas jogada em um canto; havia sido arrancada do vaso. Perguntei ao vendedor o que havia acontecido e ele me respondeu que não sabia, mas ela já estava por lá há muito tempo. Alguém tinha a arrancado e a lançou em um canto sem cuidado algum. Perguntei se estava à venda e o vendedor sorriu e disse “Claro que não, se quiser a senhora pode levar sem pagar nada”. Levei-a para casa e plantei-a em um vaso bastante adubado e cuidei dela com muito carinho. Após seis meses, ela foi capaz de dar uma nova muda de bromélia, que sofreu fora de um ambiente apropriado para crescimento, mas sua capacidade de resistência a fez permanecer viva mesmo assim. As bromélias são uma das mais adaptáveis famílias de plantas do mundo, pois apresentam uma impressionante resistência para sobreviver. Que bravura! Mulheres são como bromélias...

A resistência, como a maioria dos atletas prefere dizer, é a capacidade de suportar um esforço estressante prolongado, como, por exemplo, uma maratona testa a capacidade de resistência do corredor. Quantas maratonas uma mulher não enfrentará ao longo da vida? A vida oferece muitos testes de resistência e desafios. Não há como fugir do sol e da chuva, todos passaremos por eles. Ainda bem que tudo passa... A tempestade, a noite, o sofrimento, porque a única coisa que é eterna é a Palavra de Deus. Que bom saber que a noite escura se findará e logo chegará um novo dia, então podemos perceber que vencemos mais um desafio, suportamos com resistência e superamos pela fé.

Quero falar de Ana, uma "mulher bromélia". Vejo nela uma capacidade incrível de resistir às turbulências e não desistir dos sonhos. Seu nome significa graciosa. (1 Samuel 1.1-2,21). É uma das verdadeiras grandes mulheres da Bíblia. Embora tivesse um marido que a amasse muito, faltava um filho na vida dela. Mesmo assim todos os anos ela ia a um lugar chamado Siló, para adorar o seu Deus. Mesmo tendo uma rival chamada Penina, que a irritava constantemente, não desistiu de buscar a Deus por seu impossível.

Você precisa repensar a forma como está agindo, pois a capacidade de resistir às dificuldades fará de você uma pessoa vencedora. Para vencer, não é preciso somente atacar, mas usar a força de Deus como estratégia de defesa. Você precisa aprender a viver sob pressão e vencer todo espírito contrário. Você precisa saber agir sob condições de pressão e afronta. Assim será possível confundir e surpreender suas circunstâncias ameaçadoras.

Ana era casada com Elcana, que tinha outra esposa chamada Penina. Havia uma situação de conflito na casa. Quando um homem se casava com uma estéril, naquela época era costume ele tomar outra mulher.

Ana passou por todas as etapas normais na vida de uma mulher. Você sabe que, quando uma moça chega a uma certa idade, começam logo a perguntar sobre namoro. O namoro começa e as pessoas perguntam quando vai ser o noivado. Quando começa o noivado, a pergunta muda, querem saber quando será o casamento, quando vão comer bolo. Você diz até que vai casar: "Agosto de Deus". E quando você casa, não vai demorar muito para as pessoas perguntarem quando vem o bebê. Então imagine a incrível resistência que Ana precisou desenvolver. Durante muito tempo foi obrigada a ouvir perguntas, comentários, sugestões e as mais variadas opiniões contrárias.

Ana vai adorar em Siló e alguém pergunta "E aí, e o bebê?". Ana vai a uma festa e alguém pergunta "E aí, Ana não vai encomendar o bebê?". Passa um ano e nada. Dois e nada. Três e nada... Ana está envergonhada e já não sabe mais o que dizer. Mas essa é uma pergunta para a qual ela não tem resposta. Sabe, há muitas perguntas que nos fazem e nós não temos respostas. Quando essa situação dramática terá fim? Quando a cura virá? Quando você vai morar na casa nova? O seu esposo voltará? E o ministério, rompe ou não? Muitas vezes não temos as respostas que gostaríamos, então Deus precisa ser a nossa resposta. Deus sempre será a nossa resposta.

Ana teve a atitude de buscar em Deus as suas. Nossas atitudes afetam diretamente a maneira como vivemos. Uma boa atitude leva ao sucesso ou ao fracasso. Você precisa ter atitudes pensando no que deseja como resultado.

Ana chegou estéril a casa de Deus. Ela não tinha filhos e, desesperada, queria conceber. Talvez você esteja se sentindo como estivesse faltando algo, mas Ana fez algo que definiu sua trajetória: derramou sua alma diante de Deus, buscou refúgio, saída e resposta Nele. E, mais do que isso, decidiu sair da amargura.

## VOLTE A SONHAR E CONFIE EM DEUS

> *Quando me lembro disto, dentro de mim derramo a minha alma; pois eu havia ido com a multidão. Fui com eles à casa de Deus, com voz de alegria e louvor, com a multidão que festejava.* (Salmos 42.4)

> *Levanta-te, clama de noite no princípio das vigias; derrama o teu coração como águas diante da presença do Senhor; levanta a ele as tuas mãos...* (Lamentações 2.19)

O que você decidir hoje pode te aproximar de seus sonhos ou te levar para bem longe deles. Ana poderia se esconder na amargura, mas decidiu ir a Siló adorar. Ela estava chorando, sua alma estava aflita, mas decidiu ser resistente à dor. O Senhor pode nos dar novos dias e ao amanhecer podemos aproveitar as oportunidades divinas e perceber que tudo ao nosso redor pode ter uma nova cor.

Fique tranquila, respire fundo, confie no Senhor, vista-se das roupas da resistência porque Deus vai te dar respostas. Vai responder à sua oração, vai dar resposta à sua atitude de permanecer firme na fé. Ao ler estas páginas Deus lhe dará respostas e falará profundamente à sua alma.

Ana sofreu, mas aprendeu muito e nos ensina muito também. É triste observar tantas pessoas que já passaram momentos tão difíceis, enfrentaram profundos vales e ficaram piores do que antes. Há pessoas resistentes à mudança, ao arrependimento e não é isso que Ana nos ensina. Ela nos mostra que a dor, emocional ou física, não deve se tornar um problema crônico e incurável. Cuidado com sua atitude em relação à dor. Você não pode alimentá-la, pois certamente isso a impedirá de sonhar e realizar grandes coisas. A dor crônica nos limita e nos afasta do nosso real propósito.

Você pode até passar pelo vale, mas fará dele uma fonte. Pode passar pela tempestade, mas viverá a bonança. Mesmo que você esteja vivendo uma grande impossibilidade, se acreditar nas possibilidades de Deus e não desanimar diante das circunstâncias, a sua solução virá te visitar quando menos esperar.

Podemos aprender muitas lições com Ana. No livro de 1 Samuel 1.4-5 lemos: *No dia em que Elcana oferecia o seu sacrifício, dava ele porções deste a Penina, sua mulher, e a todos os seus filhos e filhas. A Ana, porém, dava porção dupla...*

A Bíblia diz que, no ano que oferecia sacrifícios, ele dava porções a Penina e a Ana também. Você sabe como são as despesas normais de uma família, você que é uma dona de casa sabe que quanto mais pessoas há em uma família, maior é o gasto. Se é de quinhentos reais em uma família que tem dois filhos, por exemplo, em uma que tem quatro o gasto será o dobro. Então por que Deus dava porção dupla para Ana, já que ela não tinha filhos? Intrigante, não é mesmo? Matematicamente é inaceitável. Como poderia Ana, sem filhos, precisar de uma porção maior que Penina? Isso aconteceu porque, quando Deus olhou para Ana, Ele já conhecia o seu futuro. Quando nos olha, Deus não nos vê como estamos hoje, mas nos trata segundo os planos que tem para o nosso futuro. Deus olhava para Ana e não a via como uma mulher estéril, e já conseguia vê-la com o menino Samuel nos braços. Quando olha para você, Deus não enxerga um fracassado, pois em seu ângulo de visão já está incluída a trajetória do teu sucesso. Ele tem uma porção dupla para sua vida e esta parte não poderá lhe ser tirada. A porção dupla não ficará com inimigos e opositores, e sim com você. Quero declarar de forma profética para sua vida que, se houver uma divisão de bênçãos nela, a sua parte será: aquilo que olhos não viram, que ouvidos jamais ouviram; aquilo que jamais penetrou no coração do homem é o que você vai receber! Deus tem porção dobrada para você, para sua casa, para sua família. Tem porção dobrada para seus sonhos e objetivos. Ele tem uma porção dobrada para o seu destino em Deus.

## CRESCENDO EM TODO TEMPO

*Ele fez da rocha um açude, do rochedo uma fonte.* (Salmos 114.8)

Bromélias são capazes de se desenvolver nos mais variados tipos de solo. Mulheres são como bromélias, possuem capacidade de crescer em meio às mais variadas adversidades e estações contrárias. Não importa como esteja o solo, Deus faz da nossa terra seca um manancial e continuamos dando frutos. Ana viveu no solo da esterilidade, mas é como se Deus falasse: "Ana, eu vou cerrar a tua madre porque eu gosto de coisas difíceis. Eu vou cerrar a tua madre porque eu sou Deus de milagre. Eu vou cerrar a tua madre para te mostrar que eu sou capaz de realizar o impossível. Eu vou cerrar a tua madre porque teu nome vai entrar para a história. Eu vou cerrar a tua madre porque eu vou te honrar diante de toda a tua parentela". Deus olhou para você e disse: "Eu vou fechar a porta, porque eu quero abrir a porta! Eu faço a ferida, porque eu saro a ferida! O inimigo não pode te tocar. Quem é de Deus, o maligno não toca. Caiam mil ao teu lado, dez mil à tua direita e você não serás atingido. Inimigos como Penina podem ter se levantado por um caminho, mas por sete eles terão que fugir da tua presença, porque maior é Aquele que habita em você do que aquele que habita no mundo".

Ana é um verdadeiro exemplo de que é possível vencer adversidades e superar crises. Acredito que em meio a toda a sua aflição tudo poderia ser mudado quando ela abrisse os olhos e começasse a enxergar pela fé. Ela não tinha o tão desejado filho, mas podia ir a casa de Deus e clamar por milagre. Observe que Ana cumpria sua rotina de todos os anos se apresentar diante do Senhor. Sua tristeza não a afastou da casa de Deus. A dor não interrompeu sua rotina, o clima desfavorável não foi capaz de interromper sua rotina, Penina também não interrompeu sua rotina de buscar a Deus.

Não permita que o ambiente externo exerça uma influência tão grande a ponto alterar a sua rotina com Deus. John Wesley, o ministro anglicano que promoveu um tremendo despertamento espiritual e deu início ao movimento metodista, teve uma mãe incrível. Susanna Wesley era uma mulher de fortes convicções e tinha o hábito de se ajoelhar com a Bíblia na mão e seus filhos sabiam que não poderiam interrompê-la em seu momento a sós com Deus. Todos os dias ela reservava um período a sós com Ele, buscava a face divina e intercedia pelos filhos e ninguém poderia atrapalhar. Sua rotina com Deus jamais poderia ser alterada por nada, absolutamente nada. Que mulher determinada! Seus hábitos de orações ajudou a mudar o mundo. Seu esposo, Samuel Wesley, certa vez disse a ela: "Algumas das pessoas verdadeiramente grandes eram aquelas que eram fiéis realizando coisas pequenas".

## TREINADA PELA FÉ

*Respondeu Jesus: "Tenham fé em Deus".* (Marcos 11.22)

Ao olhar para Ana, Deus percebeu que, mesmo em meio a contrariedades, ela foi capaz de manter sua rotina em busca de milagre. Permaneceu fiel e persistente em seus objetivos. Humanamente falando, Ana não via saída, mas à medida que buscava a Deus seus olhos estavam sendo treinados para que pela fé pudesse enxergar Samuel. Mulheres bromélias entendem que para enfrentar adversidades e períodos de desesperança uma preciosa receita é jamais retroceder ou desistir, ainda que você não veja nada mudar. Algumas pessoas olham para seus problemas e usam sempre uma lente de aumento. Alguns tiram o sono, minam a fé e roubam a paz de qualquer um, entretanto o que nos fará ficar acima deles é não nos concentrarmos no tamanho do Golias, ou no peso de sua armadura. Davi, o grande rei de Israel, quando ficou sabendo que um gigante gritava no arraial do povo de Deus os ameaçando, teve uma atitude que definiu sua vitória contra ele: Davi desprezou a afronta quando declarou que o venceria em nome do Senhor dos Exércitos. Sempre poderemos ver em nome Daquele que é poderoso para fazer infinitamente mais por nossa vida, quaisquer que sejam as ameaças de perigo. Talvez você possa estar se perguntando: "Pastora Flávia, a senhora nunca fica desanimada?". É claro que sim, mas não permito que nenhum sentimento nocivo possa roubar o meu grande alvo, que é Cristo. Tenho uma estrada para percorrer e ainda que muitos obstáculos apareçam em meu caminho, ondas tentem me engolir no mar da vida, seguro na mão de Deus e vou adiante. Sentimentos podem até me dominar por um momento, mas não me terão por muito tempo.

*Bromélias são capazes de se desenvolver nos mais variados tipos de solo. Mulheres são como bromélias, possuem capacidde de crescer em meio às mais variadas adversidades e estações contrárias.*

# Capítulo 5

# O Perfume de uma Flor

*... O odor dos teus perfumes excede todos os aromas.*
(Cantares 4.10)

Quando criança eu gostava muito de sentir o cheiro das flores. Inocente, pensava que poderia cheirar uma flor e se gostasse do cheiro era só me perfumar passando-a pelo corpo. Imaginações à parte, acredito que podemos perfumar o ambiente que nos cerca ou causar odores desagradáveis com comportamentos e atitudes. Tudo à sua volta pode ser afetado pela capacidade de exalar aromas doces ou amargos. Podemos transmitir o que temos de melhor para quem amamos. E não importa o quanto você tenha em sua conta bancária, se puder viver em harmonia interior certamente viverá tão ou até mais satisfeita que a pessoa mais rica do mundo.

Um perfume agradável só poderá ser exalado por uma mulher que em primeiro lugar ame a si mesma. Amor é uma palavra que aplicada à nossa realidade diária é capaz de nos transformar em flores muito perfumadas. O amor pode ser para a vida o que o perfume é para a rosa. É o que de fato empresta sabor à vida, embeleza os relacionamentos e dá verdadeiro sentido à existência. Deus quer resgatar neste tempo em sua vida sua capacidade de olhar no espelho sorrir, piscar para si mesma e dizer: "Como eu sou especial!".

Nos meus aconselhamentos a mulheres percebo o quanto o diabo procura distorcer a bela imagem das mulheres e acabar com seu valor. Aprendi a fazer algo muito interessante e sempre aconselho a fazerem o mesmo. Muitas chegam à igreja com o "perfume da baixa autoestima", com o "perfume da tristeza", "o perfume da dor", então ensino a elas uma tática para colocar o inimigo para correr e para treinarem a capacidade de reação. Digo que todas as vezes que se sentirem pressionadas pelas circunstâncias contrárias para colocarem a melhor roupa, fazer aquela escova nos cabelos, caprichar na maquiagem e se armar da armadura de Deus, porque no dia mau o diabo vai olhá-las e não vai entender nada: "Como ela pode estar animada em meio a tudo que está vivendo!". O grande problema é que muitas vezes você age de forma previsível, quando na verdade precisa ser mulher imprevisível. Quando pensarem que caiu, levante-se; quando pensarem que vai desistir, continue. Quando acharem que vai permanecer na cama chorando, abra a janela e levante-se para um novo dia, afinal, as misericórdias do Senhor são o motivo para não sermos consumidas e elas se renovam a cada manhã.

No filme *O milagre de Anne Sullivan*, conta-se a história de uma mulher que se recusou a desistir. O nome dela na vida real é Helen Keller. Uma mulher determinada que se recusou a permitir que a cegueira e a surdez a impedissem de desfrutar a vida. Desde criança Helen sabia que queria ir para a faculdade e estava decidida a não permitir que suas deficiências lhe negassem esse privilégio. Depois de se preparar muito ingressou na Universidade de Harvard e iniciou os estudos com a ajuda da professora de braile. Na faculdade Helen iniciou uma carreira de escritora, que duraria meio século e que incluiu livros, artigos a jornais e colunas de revistas. Seu primeiro livro, publicado em 1903, foi impresso em mais de cinquenta idiomas. Helen Keller perfumou uma geração e deixou um ensinamento de que impossível é somente uma palavra e que é ignorada por quem decide permanecer lutando.

Todos nós passamos por momentos difíceis na vida. Em alguns períodos declaramos: "Estou atravessando uma situação...". Mesmo que isso reflita que não é uma boa notícia, é possível analisar uma verdade consoladora: não estamos estacionados, não estamos parados, pois estamos passando... Isaías 43.2 diz: *Quando você atravessar as águas, eu estarei com você; quando você atravessar os rios, eles não te encobrirão. Quando você andar através do fogo, não se queimará, as chamas não arderão.* Certamente passaremos por muitas coisas, enfrentaremos muitos desafios, mas ainda bem que tudo passa, somente a Palavra de Deus é eterna. Também jamais nos tornaremos mais fortes durantes períodos de festa e bonança, mas as adversidades são como uma grande escola que vai nos graduar para o próximo nível.

A Palavra de Deus narra a história de Ester, uma bela jovem escrava e que se tornou rainha. Essa mulher de origem judia não tinha pai, nem mãe, havia sido criada pelo tio, Mordecai. Ela não passava de uma pobre órfã e escrava em uma cidade chamada Susã. Embora a vida dela tivesse sido marcada por impossibilidades, seu posicionamento diante das contrariedades foi definitivo para que as portas do palácio fossem abertas diante dela e, assim, ela pudesse não somente mudar sua vida, mas a da nação judaica para sempre.

As escolhas que fazemos mudam o curso da nossa vida para sempre. Existem momentos na vida que são decisivos. Sempre que pensar em tomar uma decisão pense primeiro no que pretende para o seu futuro. Se pretende viver em um ambiente perfumado, semeie o bom perfume. Se pretende um esposo paciente, seja paciente com os outros, se deseja receber carinho, seja amigável com as pessoas... Como você tem se preparado para o futuro? Oportunidades são tão numerosas quanto as estrelas no céu e as areias do mar. Esteja atento e preparado para elas. Um momento pode parecer banal, no entanto o milagre pode estar prestes a ser desembrulhado diante de você. Quando um momento se perde, você tem um vislumbre de uma oportunidade perdida. Quando você sonha, você olha para um momento que ainda está por vir. É necessário assumir responsabilidades com os momentos que estão diante de você. Ester não permitiu que o ambiente exterior mudasse seus sonhos. Prepare o ambiente para o seu futuro. Os melhores dias da sua vida só poderão estar em algum quilômetro da sua estrada caso decida se manter na rota certa. A seguir, vejamos o que diz a Bíblia sobre Ester.

## DIGA NÃO ÀS EMOÇÕES NEGATIVAS

*... E era a jovem bela, de boa aparência e formosura...* (Ester 2.7b)

Ester era órfã, escrava, mas não se entregou à derrota e ao pessimismo, pois é impossível alguém com esse posicionamento amargurado ser bela, de boa aparência e formosa, como ela foi descrita. Sejamos sinceros, no que diz respeito a emoções negativas, muitas vezes costumamos encobrir coisas nocivas no fundo do coração, como uma caixa-preta que jamais poderá ser aberta ou revelada. E ao mesmo tempo fingimos que está tudo bem e que não há nada de errado conosco. O fato é que emoções negativas não morrem, elas precisam ser adestradas, ensinadas e tratadas. Podemos até mesmo ignorar nossos sentimentos negativos e sentirmos uma espécie de alívio temporário para o nosso mal, mas se as raízes não estiverem bem, os frutos também não estarão.

Certamente alguma vez você já abriu sua geladeira e sentiu um cheiro muito ruim. Se colocar perfume nela, o cheiro vai permanecer ruim, enquanto não for eliminada a fonte do cheiro desagradável. E para descobrir o responsável pelo odor muitas vezes tem de ser retirado tudo de dentro da geladeira. É necessário limpar as prateleiras, abrir as gavetas... Finalmente vai descobrir algum pote de comida velha esquecido há muito tempo.

Muitas vezes somos mulheres que temos tudo para dar certo e para brilhar. Temos grande potencial, talentos e dons incríveis. Possuímos criatividade, inteligência, beleza e força para decidir e escrever um grande futuro, mas insistimos em guardar potes velhos em nossa geladeira. Muitas vezes a fonte do mau cheiro é uma raiva guardada, uma ofensa mantida por tantos anos, a dificuldade para decidir perdoar, pois perdoar é uma decisão particular. É preciso perfumar a vida e a dos que nos cercam. Não podemos continuar nos enganando dizendo: "Vou à igreja hoje e vai ficar tudo bem, vou pedir para o pastor fazer uma oração e tudo vai mudar!". Que tal decidir mudar de uma vez por todas! Você precisa decidir exalar o bom perfume, ainda que uma tempestade de odores terríveis cerquem a atmosfera à sua volta. Eu posso não decidir o que as pessoas façam com suas vidas, mas posso resolver o que fazer da minha. E a minha vida vai ser perfumada.

> *Porque para Deus somos o bom perfume de Cristo, nos que se salvam e nos que se perdem.* (2 Coríntios 2.15)

Sejamos o bom perfume de Cristo e precisamos deixar Deus lidar com as outras pessoas. É preciso aprender a deixá-las nas mãos de Deus. E nos ocuparmos em trabalhar com Ele em nossa vida. A melhor resposta que podemos dar às dificuldades é nossa capacidade de permanecer e ignorar as oposições com disposição para mudar antes de tudo a nós mesmas. Todas as vezes que passamos por mágoas, injustiças e ofensas precisamos nos lembrar de que as pessoas não são nossas inimigas, mas sim o diabo. Não podemos pagar o mal na mesma moeda ou responder às ofensas à altura. Como lemos em Romanos 12.21: "Não se deixe vencer pelo mal, mas vençam o mal com o bem". Pode ser que você não tenha calorosos acessos de raiva contra quem te magoou; como uma seguidora de Cristo é necessário tratar essas experiências de modo bíblico. Essa é uma decisão que está diante de você todos os dias; escolher a bênção de seguir livre perdoando ou escolher a maldição de uma alma aprisionada e doente. Liberdade significa que somos capazes de fazer escolhas quanto ao modo de nos comportarmos e não sermos prisioneiras das emoções negativas.

São as relações com as pessoas que definem a nossa vida e o nosso destino. Os laços pessoais constroem o nosso mundo diário, são as relações com as pessoas que dão sentido e forma à vida, que determinam e definem a qualidade de vida.

Abra mãos dos velhos hábitos. Escolha desenvolver em sua vida hábitos de uma verdadeira campeã. Se você faz parte do time de Cristo precisa estar aberta ao perdão, a mudar e a vencer o mal. Você jamais poderá mudar a sua vida até que mude hábitos nocivos, *pois aquele que está em Cristo nova criatura é* (2 Coríntios 5.17).

## CHEIRO DE UNGUETO

> *Então Maria, tomando um arrátel de unguento de nardo puro, de muito preço, ungiu os pés de Jesus, e enxugou-lhe os pés com os seus cabelos; e encheu-se a casa do cheiro do unguento.* (João 12.3)

Um jantar foi dado em honra de Jesus em Betânia. Marta servia, enquanto Lázaro estava reclinado à mesa com Jesus. Então Maria, tomando cerca de um litro de puro nardo, um perfume caro, ela derramou sobre os pés de Jesus e os enxugou com os cabelos. A adoração de Maria tomou conta daquele lugar.

Todo o ambiente ficou cheio daquele perfume. Era impossível entrar naquela casa e não sentir um cheiro diferente no ar. Sua atitude de adoração mudou a atmosfera. Que coisa especial esta mulher fez! Seu único objetivo e prioridade era adorar o mestre Jesus e por causa de sua adoração todo o ambiente foi alcançado por seu gesto ungido. A verdadeira adoração traz a atmosfera de Deus. Betânia no hebraico significa: "casa do aflito". Experimente levar o nardo da adoração, perfume agradável a Deus, ao ambiente que te cerca na "casa da aflição" e o ambiente à sua volta será impactado com o perfume de Cristo; por onde é exalado coisas extraordinárias acontecem.

*Liberdade significa que somos capazes de fazer escolhas quanto ao modo de nos comportarmos e não sermos prisioneiras das emoções negativas.*

# Capítulo 6

## Mulheres são como Lírios

*As suas faces são como um canteiro de bálsamo, como flores perfumadas; os seus lábios são como lírios gotejando mirra com doce aroma.* (Cânticos 5.13)

*Uma música bem conhecida diz assim:*
*Jesus é o Lírio dos Vales, Rosa de Sarom.*
*Até seus espinhos, são marcas de amor*
*Agora Ele vive a plantar um grande jardim*
*Se você quiser será uma flor...*

Jesus é comparado a essas duas flores, entretanto essa música foi baseada em Cantares 2.1. O propósito de Cantares é cantar o amor entre o noivo (o rei Salomão) e a noiva (a sulamita), reafirmar a santidade do casamento e descrever o amor de Deus por seu povo. O propósito principal de Cantares de Salomão é ilustrar a verdade do amor de Deus para com o seu povo, quer sejam os eventos fictícios ou não. Além disso, Cantares de Salomão é o registro poético do romance real entre Salomão e a mulher sulamita.

Os lírios possuem uma forma alongada e elegante e são compostos por seis pétalas que se reúnem em forma de hexágono. Dizem que simbolizam, também, os níveis superiores da inteligência.

O lírio é originário da Europa, Ásia e América do Norte. Algumas espécies são nativas dos trópicos, de regiões com altitude elevada. Porém, todas as espécies existentes hoje são originárias de vários cruzamentos entre si, dando origem a inúmeras variedades e cores: são os chamados lírios híbridos.

Especialistas afirmam que após a morte das flores, devemos continuar regando o lírio por mais três meses, depois é necessário parar de colocar água e esperar para que as hastes sequem completamente; e depois de três meses ela poderá florescer novamente.

Isso é fantástico! Mesmo que as flores sequem e morram elas podem florescer novamente. Os lírios se recusam a desistir!

Mulheres que são como lírios recusam-se a desistir. Como dizia Charles Spurgeon: "pela perseverança, o caracol chegou à arca". Meu desejo é que esta leitura mexa com você e a faça querer seguir em frente, continuar correndo a carreira que foi proposta a você. Permita ser liberta de tudo que a tem impedido de atingir a grandeza para a qual você foi criada. Há muito mais a ser feito e vivido em relação ao que você usufruiu até agora. Meu conselho é *não desistir!* Mesmo que, assim como os lírios, as flores morram e sequem, elas podem florescer outra vez. A sua vida pode florescer novamente e ser melhor do que foi até hoje. No capítulo 1 do livro de Josué vemos o Senhor animando Josué após a morte de Moisés. Deus disse a Josué: "Seja forte e corajoso, esforça-te e tem bom ânimo, não te mandei Eu? Esforça-te e tem bom ânimo!". Deus está sempre nos motivando a continuar, mesmo em meio às perdas. Está sempre garantindo que com Ele estaremos seguros e não precisaremos temer mal algum. Mesmo que precisemos deixar algumas coisas para trás, arriscar, suportar a solidão, tomar algumas decisões difíceis, talvez ser mal interpretada, julgada, criticada... A ordem de Deus é: *não desista!*

A águia é um grande exemplo de força e determinação. É um pássaro que se recusa a ter seu propósito negado e realmente não sabe o que é desistir. Você tem um coração de águia. Imagine se uma ave dessas fosse criada em um galinheiro, ficariam completamente desnorteadas. Elas foram criadas para voarem em um céu claro, azul e aberto. Quando você vive em um ambiente que o impede de ser quem você foi feito para ser, você também se sente desconfortável. É possível ir além do que você foi, pois existe uma semente de grandeza plantada por Deus dentro de si. Tudo que precisa é começar a voar, dar voos mais altos, pois quem foi chamado para a grandeza ignora as limitações. Não permita que ninguém corte suas asas nem pode sua ousadia, pois infinitas oportunidades surgem a cada dia. Você não é igual às outras pessoas, não se compare às suas amigas, mesmo que elas tenham feitos incríveis para contar, sua história tem o potencial de surpreender a todos e até você mesmo se decidir não ouvir a voz maligna da oposição. Não se conforme com uma vida normal, igual todo dia, limitada nos resultados, mas ouse fazer o que você nunca fez, sonhe com o que nunca sonhou ou realize de uma vez por todas o que até o momento só esteve no papel.

Eu a encorajo hoje a acender a chama que há dentro de você. Sopre se for preciso até que seja incendiada de audácia para viver os melhores dias da sua história e jamais pense que não é possível fazer o que acredita que foi feito para fazer. Para ser mais clara, nós nos tornamos o que pensamos. As coisas que pensamos, que nos concentramos e de tudo que possa nos cercar, vai moldar as nossas vidas. Se uma ave pensar que é uma galinha, ela ficará com medo quando vier uma tempestade, mas se for uma águia, será confiante e corajosa.

## VOCÊ É O QUE PENSA

*... pois como imagina na sua alma, assim é...* (Provérbios 23.7)

Costumo assistir desenhos com meu filho, embora ele tenha prazer de ver o mesmo filme incontáveis vezes, mas a repetição pode ser benéfica se gerar aprendizado. No filme *A era do gelo* – 2, uma mamute chamada Ellie, acredita ser uma gambá, mesmo pesando toneladas e sendo incapaz de se esconder atrás de uma árvore. Ela acreditava ser uma gambá por ter sido criada em meio a eles. Até o dia que Manny, outro mamute, a encontra, e por causa desse encontro ela começa a perceber que há algo de errado com ela. Sabe o que pode ser definitivo para o seu futuro? Deixar de conviver com os gambás. Quem são eles? Pessoas que confinam a sua grandeza, que restringem o seu destino. Quem sabe você precisa avaliar seus relacionamentos, se não há cheiro de gambá à sua volta. Observe se não existem pessoas nocivas ao redor, fique atenta aos pessimistas de plantão que, como sanguessugas, são verdadeiros exterminadores de futuro. O pessimista olha um copo com água pela metade e diz: "Está quase vazio". Um otimista olha o mesmo copo com água pela metade e diz: "Está quase cheio". Prefira companhias que vejam o copo cheio, que possuam uma perspectiva entusiasmada da vida; cerque-se de motivadores, seja seletiva. Escolha pessoas que a motivem; que se você se olhar no espelho e vir um gafanhoto, vai dizer: "Olhe novamente, pois o que vejo é um lírio!".

Preciso lhe fazer umas perguntas importantes: O que pensa acerca de si? Você se valoriza? Respeitar-se e gostar de si é fundamental para uma vida abundante, afinal foi para isso que Deus te formou. Se você tem se colocado em último plano, precisa rever suas atitudes. Quem sabe tem colocado trabalho, filhos, esposo sempre em primeiro lugar e suas realizações pessoais sempre permanecem adiadas como algo irrecuperável. Talvez você esteja vivendo uma "crise de respeito próprio". Eu quero continuar te encorajando: *não desista de si mesma!* Não quero estimulá-la a ser egocêntrica, mas pare de se sacrificar para servir a todos e abrace um pouco você mesma. Você é um lírio lindo, templo do Espírito Santo, criada para o louvor da sua glória, escolhida para dar bons frutos. Como anda sua saúde? Seus exames estão em dia? Ou você é do tipo que leva todo mundo ao médico e prefere ter uma farmácia particular? Afinal você não quer incomodar ninguém, ou até mesmo só procura o médico em situações de emergência. Pare de se anular, dessa forma você está desistindo de si. Você é casa de Deus, é a mais bela arquitetura de Deus (1 Coríntios 6.19). Se não cuidar de si mesma, continuar sobrecarregada, você destruirá esta bela construção. Se não descansar o suficiente, comer bobagens demais, beber água em pequena quantidade e deixar de se exercitar, a construção vai ceder.

Creio que fomos criadas para sermos flores vivas, e não murchas. Você já observou como as flores trazem vida e alegria a um ambiente? Fomos projetadas para colorir, perfumar e embelezar o ambiente e temos potencial em Deus suficiente para isso. Por essa razão você não deve desistir nunca de viver em plenitude a sua essência. Marche em direção ao seu futuro com ousadia e confiança e veja cada novo dia como uma maravilhosa oportunidade dada por Deus para viver algo novo e surpreendente. Encare cada obstáculo e barreira como uma chance de permanecer mais forte e inabalável a cada dia. Veja cada novo desafio como uma montanha a ser escalada, e não como uma terrível pedra que vai te esmagar.

## FALANDO COM DOÇURA

> *...Os seus lábios são como lírios gotejando mirra com doce aroma.*
> (Cantares 5.13b)

Não desista de ser doce. Fico impressionada quando ouço mulheres dizerem que é impossível ouvir o que não gosta e ficar calada. "Afinal, eu preciso falar senão vou explodir", "Não posso deixar barato", "É muito difícil levar desaforo para casa". A verdade é que os "desaforos" ficam dentro de você, ou melhor, eles vivem em você. Jesus disse: *Raça de víboras, como podeis falar coisas boas, sendo maus? Porque a boca fala do que está cheio o coração* (Mateus 12.34). Exercer controle sobre o que sai dos lábios é uma tarefa difícil, mas possível. O Espírito de Deus tem me ensinado a ser doce e, além disso, Deus me presenteou com um grande professor: meu esposo, que tem me ensinado muito em relação a ser mais carinhosa ao falar. Cresci em um ambiente onde ouvia meu pai agredir minha mãe com palavras e durante muito tempo isso teve um impacto muito nocivo em minha vida, contribuindo para que eu repetisse sua conduta, sempre que alguém me contradizia. Hoje, mais madura e uma eterna aprendiz da vontade de Deus, me comporto com mais suavidade.

Augusto Cury, em seu livro *A fascinante construção do Eu*, explica que não responder impulsivamente, rebater e dar o troco significa superar a *ditadura da resposta*. Mulheres que são como flores não podem viver aprisionadas a essa ditadura. Porque foi para liberdade que Cristo nos libertou e não podemos permanecer novamente debaixo de jugo de opressão como está escrito em Gálatas 5.1. A língua pode ser o maior instrumento de derrota na vida. Muitas mulheres estão longe da pessoa amada, pois não souberam refrear a língua, famílias têm sido destroçadas por causa de palavras ditas em horas não apropriadas. Mude as palavras que saem da sua boca e mudará sua família, seus relacionamentos e seu futuro.

*Com ela bendizemos a Deus e Pai, e com ela amaldiçoamos os homens, feitos à semelhança de Deus. De uma mesma boca proce-*

*de bênção e maldição. Meus irmãos, não convém que isto se faça assim. Porventura deita alguma fonte de um mesmo manancial água doce e água amargosa?* (Tiago 3.9-11)

Não desista de ser doce, ainda que, durante a sua trajetória de vida, surpresas desagradáveis tenham cruzado o seu caminho. A vida e a morte estão na ponta da sua língua. Podemos matar e fazer viver com aquilo que sai da nossa boca. O que sai da boca é tão poderoso que pode determinar o nosso destino. Há pessoas vivendo situações que a sua própria boca determinou, por isso devemos submeter a nossa língua a Deus. A boca do justo é fonte de vida. Fique em estado de alerta, pois tudo que sai da sua boca poderá estabelecer derrota ou vitória, irá manifestar um novo tempo ou dar continuidade a um ciclo de mesmice interminável. Por meio das palavras temos o poder de curar, encorajar, fortalecer, sustentar, animar, mas também é muito importante entender que precisamos ter atenção com o que ouvimos, pois é disso que vamos falar. Jesus disse: *Por suas palavras vocês serão absolvidos, e por suas palavras vocês serão condenados* (Mateus 12.37).

A história a seguir nos ensina uma lição valiosa sobre ter o cuidado com o que falamos.

*Certa vez, um Sultão sonhou que havia perdido todos os dentes.*

*Ele acordou assustado e mandou chamar um sábio para que interpretasse o sonho.*

*– Que desgraça, senhor! – exclamou o sábio. – Cada dente caído representa a perda de um parente de vossa majestade!*

*– Mas que insolente! – gritou o Sultão. – Como se atreve a dizer tal coisa?!*

*Então, ele chamou os guardas e mandou que lhe dessem quarenta chicotadas.*

*Mandou também que chamassem outro sábio para interpretar o mesmo sonho. O outro sábio chegou e disse:*

*– Senhor, uma grande felicidade vos está reservada! O sonho indica que ireis viver mais que todos os vossos parentes!*

*A fisionomia do Sultão se iluminou, e mandou dar quarenta moedas de ouro ao sábio. Quando este saía do palácio, um cortesão perguntou ao sábio:*

*– Como é possível? A interpretação que você fez foi a mesma do seu colega! No entanto, ele levou chicotadas e você moedas de ouro!*

*Respondeu, então, o sábio:*

*– Lembre-se sempre, amigo, tudo depende da maneira de dizer as coisas...*

Palavras podem trazer chicotadas ou moedas de ouro para a vida. Palavras podem absolver ou condenar e trazer a bênção ou a maldição. Faça a escolha certa. Prefira ser doce e sábia sempre ao abrir a boca. Mesmo que as pessoas ou a vida sejam rudes com você. Não permita que façam escolhas por você. Se alguém escolheu ser duro e insensível, você tem a liberdade de permanecer invulnerável, a escolha é sua: ser doce ou amarga. Prefira a doçura e guarde a sua língua do mal.

*Encare cada obstáculo e barreira como uma chance de permanecer mais forte e inabalável a cada dia. Veja cada novo desafio como uma montanha a ser escalada, e não como uma terrível pedra que vai te esmagar.*

## Capítulo 7

# Jesus, o Jardineiro

*... A sua alma será como um jardim regado e nunca mais andará triste.* (Jeremias 31.12)

Como John Gray declara em seu livro mais vendido: homens são de Marte e mulheres são de Vênus, lembro-me de uma história interessante sobre um rapaz que descobriu um gênio em uma garrafa, que prometeu conceder a ele seus pedidos, podendo pedir tudo que quisesse. O primeiro pedido foi uma viagem ao Havaí, e o gênio disse "Isso é muito simples e fácil, peça algo muito difícil, quase impossível". Foi oferecida então uma segunda tentativa. O rapaz disse: "Tudo bem" e pediu a capacidade de compreender as mulheres. O gênio parou por um momento e disse: "Acho melhor você ficar com a viagem ao Havaí".

O homem que mais teve mulheres em seu harém fez uma declaração conflitante no livro de Provérbios, escrito por ele: *Estas três coisas me maravilham; e quatro há que não conheço: o caminho da águia no ar; o caminho da cobra na penha; o caminho do navio no meio do mar; e o caminho do homem com uma mulher* (Provérbios 30.18-19).

Sempre que estou ministrando a palavra de Deus para casais, digo que pode até ser difícil compreender uma mulher, mas não é uma tarefa impossível. Por mais difícil que possa parecer, Deus teve razões muito especiais para criá-la. A primeira delas é que o homem sem a mulher no jardim poderia se perder. Imagine um homem chegar a algum lugar se antes não pedir orientação a uma mulher? Deus sabia que Adão jamais sairia para comprar uma nova folha de figo, se a sua mulher não fizesse isso. Como guardião do Jardim do Éden, ele jamais se lembraria de onde deixou suas ferramentas. Além disso, Adão precisaria culpar alguém pelos problemas que aconteciam no jardim. Como diz a Bíblia, não é bom que o homem esteja só. Além de tudo isso algo foi fundamental para que Deus criasse a mulher: Quando Deus terminou a criação de Adão, Ele deu um passo para trás, coçou a cabeça, e disse: "Eu posso fazer melhor que isso!".

Brincadeiras à parte... A verdade é que só o Jardineiro Jesus é capaz de sondar as profundezas da mulher e compreender suas necessidades e fazê-la viver em toda sua plenitude. Mulheres são como flores e cada flor exige cuidados especiais. Quando Jesus foi ressuscitado na manhã do primeiro dia da semana, apareceu primeiramente a Maria Madalena, da qual tinha expulsado sete demônios. Acho interessante e muito revelador que, de todas as pessoas a quem Jesus poderia ter aparecido em primeiro lugar, Ele escolheu revelar-se para uma mulher.

## O VALOR DE UMA MULHER

*Encontrando uma pérola de grande valor, foi, vendeu tudo o que tinha e a comprou.* (Mateus 13.46)

É interessante observar o alto valor que Jesus atribuiu às mulheres em seus ensinos. O lugar delas no mundo romano do primeiro século e na cultura judaica as subjugava. Na maioria das vezes, elas eram consideradas cidadãs de segunda classe, como verdadeiras propriedades. Tanto o Antigo quanto o Novo Testamento apresentam situações em que mulheres foram desmoralizadas e desvalorizadas. E isso não significa que Deus aprovou esse tratamento. Ele nunca autorizou ou aprovou o comportamento que colocasse uma mulher para baixo, assim como Ele não tolera outras práticas nas Escrituras como o sacrifício de crianças, a poligamia, os cultos de sexo etc.

Por onde passou Jesus tratou as mulheres com grande respeito. Jesus reconheceu o valor da primeira mulher, e sempre as colocou em igualdade com os homens diante de Deus. Mulheres são criadas à imagem de Deus, assim como os homens. Elas têm livre-arbítrio, autoconhecimento, consciência, responsabilidade pessoal, e todos os outros traços de humanidade que qualquer homem tem. Jesus abordava com regularidade mulheres em público. Os homens não faziam isso nos dias de Jesus. Ele surpreendeu seus discípulos ao falar com a mulher samaritana. Ele estava em público e falando com uma mulher. Falou livremente com a mulher apanhada em adultério, com a viúva de Naim, a mulher com fluxo de sangue e muitas outras.

Quando falou com a mulher com a doença hemorrágica, Ele a chamou de "filha". Que cuidado maravilhoso e que valor incrível olhar para uma mulher e a chamar de filha. Isso significa que Ele estava oferecendo a ela o cuidado de um pai, que a protegeria, garantindo sua segurança. Referiu-se à mulher que passou dezoito anos encurvada como a filha de Abraão, mais uma vez dando a esta mulher *status* espiritual igual aos homens que eram chamados de filhos de Abraão. Ele mostrou o valor de uma mulher em seus ensinamentos sobre divórcio e luxúria. Lembre-se que Jesus disse que uma mulher não é apenas um objeto sexual, alguém para usar e descartar. Disse que até mesmo pensar em uma mulher com intenções impuras é cometer adultério (Mateus 5.28). Ele ensinou que as mulheres tinham direitos como indivíduos e que elas deviam ser respeitadas. Em vez de evitá-las, Jesus ensinou seus seguidores a disciplinar seus pensamentos, e ao fazê-lo criou um ambiente em que homens e mulheres estavam autorizados a trabalhar em harmonia uns com os outros. Curou muitas mulheres e expulsou demônios demonstrando seu cuidado por elas. Ele curou a sogra de Pedro. Conheceu uma senhora viúva que estava enterrando o único filho, e Jesus carinhosamente pediu para ela recolher suas lágrimas e em seguida ressuscitou seu filho. Ele entrou na sinagoga no dia de sábado, e diante dos líderes religiosos defendeu e ajudou uma mulher que estava irremediavelmente inclinada por dezoito anos. Falou com a mulher, colocou as mãos sobre ela, que pôde ficar ereta novamente. Em outra ocasião, Ele conheceu uma mulher pobre que tinha sido impura por doze longos anos por uma doença hemorrágica. Essa mulher se aproximou e tocou Jesus no meio de uma grande multidão. Ele não a repreendeu, mas elogiou sua grande fé.

Jesus então foi para a casa de Jairo. Sua esposa havia acabado de perder a filha de 12 anos de idade. Ele entrou e tocou a jovem morta e restaurou-lhe a vida.

Jesus, com a habilidade de um grande Mestre especializado em análise humana, olhou para cada uma dessas mulheres e viu o que ninguém conseguia ver e atribuiu valor a quem teria sido totalmente desacreditada. Jesus com grande sensibilidade descortinava o interior de cada uma delas e oferecia o que cada uma de fato precisava receber, ouvir e sentir. Como entender um carpinteiro acostumado a lhe dar com duras ferramentas, possuir aptidão para vasculhar o mais profundo da alma? Esse é Jesus, o mais talentoso Jardineiro que já conheci, que sonda o nosso interior, nos poda com delicadeza, sacia nossa sede com água inesgotável, nos preenche com Seu jeito todo especial, com Seu profundo amor e com Sua doce voz nos chama de filhas. Além disso, nos esconde em um lugar seguro até passarem as calamidades.

Ele ministra as suas necessidades físicas e espirituais. Lembre-se de seu encontro com a mulher no poço. Ele deu atenção à mulher samaritana como fez com Nicodemos, um homem altamente respeitado e líder entre os fariseus. Lembre-se de sua situação com Maria e Marta, ao ministrar a elas no túmulo de Lázaro. Jesus usava frequentemente as mulheres para ilustrar seus ensinamentos. Isso pode não significar muito para você hoje, mas era uma grande coisa naquela época. Ele falou sobre a rainha do Sul (referindo-se à rainha de Sabá) para ensinar como uma rainha estrangeira viajou de tão longe para encontrar a verdade. E Jesus também contou uma parábola sobre uma mulher que perdeu uma moeda.

Em Lucas, capítulo 8, a Bíblia nos conta sobre mulheres que apoiaram financeiramente o ministério de Jesus. Quando você pensa em nomes como Maria Madalena, Joana, Susana, Maria, mãe de Tiago e José, e Salomé, você deve pensar nas mulheres que seguiram e trabalharam ao lado de Jesus e dos discípulos. Foi uma mulher que preparou seu corpo com especiarias antes que ele fosse para o túmulo. E quando ele ressuscitou Maria Madalena, ao ir até o túmulo recebeu a notícia de que Jesus já havia ressuscitado.

Jesus se preocupa com você, e muito mais do que isso, está interessado em suprir e atender suas necessidades mais profundas. Eu quero que você saiba hoje que Jesus não só sabe que você tem necessidades, Ele sabe o que fazer por você. Somente nos olhos de um Salvador amoroso as mulheres têm o verdadeiro valor. Jesus a vê como uma pessoa real e Ele quer ter um relacionamento pessoal com você. Ninguém nunca vai te amar e te aceitar do jeito que você quer, no entanto Jesus a recebe e a aceita e já preparou uma história linda para você. Dispense a opinião de quem não lhe valoriza e corra para os braços do teu Salvador, porque Ele sim tem um plano perfeito, que não inclui acusação, mas que te recebe com ternura e te diz: "Vem correndo, filha, porque eu já preparei um belo futuro e em mim sua esperança jamais será frustrada".

## JARDIM PARTICULAR

*A minha noiva querida é como um jardim particular, como uma fonte que é só minha e de mais ninguém...* (Cantares 4.12, Bíblia Viva)

Jesus é um Jardineiro dedicado e diligente no cuidado de suas flores em seu jardim particular. Entretanto somente o tempo poderá revelar a colheita que nosso jardim produzirá, pois ainda que tenhamos o melhor de todos os jardineiros, precisamos estar atentas aos tipos de sementes que deixamos crescer no nosso solo. Proteja seu solo das sementes malignas e nocivas ao seu crescimento, pois nem sempre as sementes que brotam de diferentes acontecimentos da vida poderão ser arrancadas com grande facilidade. Não permita também que sementes plantadas no calor das circunstâncias contrárias roubem sua fé e sua alegria de viver. Não aceite as palavras que pessoas pessimistas disseram a você. Não tolere que pessoas plantem sementes de desistência no solo de quem já foi escolhida para ser mais que vencedora. Não deixe que essas sementes cresçam em seu jardim. Verifique se em sua vida há algum mato plantado pelas palavras ou atitudes danosas de outros. Há coisas também que você precisa estar disposta a abrir mão e eliminar de sua vida. Como, por exemplo, palavras de ódio vão semear amargura na terra do seu coração. Isolamento exagerado pode gerar uma depressão como colheita.

> *Não semearás a tua vinha com diferentes espécies de semente, para que não se degenere o fruto da semente que semeares, e a novidade da vinha.* (Deuteronômio 22.9)

Faça do seu solo um lugar rico para produzir boas sementes, pois Deus deseja semear sua grandeza em você. Assim você irá florescer, pois em você há uma riqueza excepcional e um potencial incrível que lhe foi presenteado pelo Criador. Mulher, você é muito rica, sabia? Foi criada em Cristo para brilhar e ser uma bênção, mas seu potencial poderá ser limitado pela sua própria visão. Tudo que Deus plantou se manifestará em sua vida, basta crer que Ele fará tudo que prometeu e Nele não há limites quando deseja surpreender e exaltar alguém.

Plante a semente da verdade de Deus no solo do seu coração. Tudo que você precisa é de uma semente a qual acredite ser capaz de produzir um embrião. E você precisa ter disposição suficiente para alimentá-la até crescer e se tornar real em sua vida. Plante a verdade da Palavra e permita que ela cresça. Pare de dizer que o tempo já passou, que já perdeu muito tempo. Alimente sementes boas e verás uma colheita de grande alegria. Você foi feita à imagem de Deus, é bonita, inteligente, cheia de força e criatividade. Alimente seu solo com palavras cheias de fertilidade:

> *Posso todas as coisas em Cristo que me fortalece.* (Filipenses 4.13)

> *Porque eu bem sei os pensamentos que tenho a vosso respeito, diz o Senhor; pensamentos de paz, e não de mal, para vos dar o fim que esperais.* (Jeremias 29.11)

> *O espírito do Senhor Deus está sobre mim; porque o Senhor me ungiu, para pregar boas novas aos mansos; enviou-me a restaurar os contritos de coração, a proclamar liberdade aos cativos, e a abertura de prisão aos presos; a apregoar o ano aceitável do Senhor e o dia da vingança do nosso Deus; a consolar todos os tristes; a ordenar acerca dos tristes de Sião que se lhes dê glória em vez de cinza, óleo de gozo em vez de tristeza, vestes de louvor, em vez de*

*espírito angustiado; a fim de que se chamem árvores de justiça, plantações do Senhor, para que Ele seja glorificado.* (Isaías 61.1-3)

O teu milagre começa com uma palavra. Tudo que não existe hoje pode vir a existir por meio de uma palavra. O que Deus quer fazer em você começa com uma palavra. Quando Deus criou a Terra, ele disse: “Haja!”. Ele pensou em fazer e declarou, usou a palavra para fazer acontecer. A Palavra de Deus pode trazer à existência o que não existe como se já existisse (Romanos 4.17). O fato de você não conseguir ver algo hoje não significa que não se realizará. Foi exatamente o que Deus fez com Sara. Diz o texto em Hebreus 11.11 que pela fé, também a própria Sara recebeu poder de conceber um filho, mesmo fora da idade, porque teve por fiel Aquele que havia feito a promessa.

Sara acreditou que Deus poderia fazer o impossível acontecer, ela confiou ainda que não existisse nenhuma evidência, pois sua promessa veio de Deus. Acreditou que Deus era capaz de fazer seu ventre gerar uma criança. Deus interveio na impossibilidade de Sara e ela pôde gerar um filho. Ele quebrou todo tipo de cadeia que poderia ter significado limitação para Sara e ela viveu um extraordinário milagre. Ele fará o mesmo por você. Deus está contigo em sua jornada. O plano dele contigo iniciou com uma semente e quando esta está no solo parece que não está acontecendo nada, mas ela está crescendo e no momento certo você a verá surgindo e crescendo. Creia, Deus tem um plano para você, e é perfeito.

Eu profetizo que as coisas que você deixou de sonhar, desistiu de acreditar que o Senhor poderá realizar, essas coisas começaram a pular em seu ventre novamente. Você terá o espírito e as forças renovadas para seguir confiando. Permita que Deus pegue em sua mão e a leve para o lugar do seu destino.

## SOLUÇÃO PARA A DOR

> *A bênção do Senhor é que enriquece; e não traz consigo dores.* (Provérbios 10.22)

O Evangelho de Lucas conta a história de uma mulher que tinha um espírito de enfermidade durante dezoito anos (Lucas 13.11-12). Essa mulher tinha um drama e certamente um choro por viver tanto tempo naquela condição. Quem sabe esta história lembre alguém que você conheça ou talvez se pareça com a sua. Estava em cena uma mulher que tinha um problema e precisava de uma solução. O que chama a atenção é que, embora sua situação fosse difícil, ela saiu de casa para ir ao templo. Não ficou em casa como uma vítima das circunstâncias. Saiu e encontrou a solução: Jesus! Veja o que diz o texto no livro de Lucas: *E ensinava no sábado, numa das sinagogas. E eis que estava ali uma mulher que tinha um espírito de enfermidade, havia já dezoito anos; e andava curvada, e não podia de modo algum endireitar-se. E, vendo-a Jesus, chamou-a a si, e disse-lhe: "Mulher, estás livre da tua enfermidade"* (Lucas 13.10-12).

A solução para sua dor não está no isolamento, não está no seu cartão de crédito, não está na desistência ou comodismo, a solução para sua dor está no Jardineiro Jesus, que se compadece das suas fraquezas e com olhar de amor vê o seu sofrimento, se sensibiliza com a sua aflição e deseja te conduzir para uma mudança em sua história. Talvez você tem dito: "Ninguém me entende". Jesus nos entende, claro que sim, no entanto Ele nos motiva e nos desafia. Observe que Ele deu uma ordem que desafiou essa mulher enferma. Jesus simplesmente deu uma ordem para que ela fosse livre. Tudo que você precisa é da autoridade da Palavra de Deus para transformar o seu cenário. Você já sabe o que te faz mal, o que te fere, o que tem te distanciado Dele, então use a autoridade da Palavra de Deus para vencer todo e qualquer tipo de prisão. A mulher sofria por algo durante longos e frustrantes anos. Embora os problemas possam ter suas raízes em um tempo passado, é possível resolvê-los no presente com sua firme determinação de sujeitar a Palavra de Deus às áreas traumatizadas de sua vida. Um episódio de minha vida me marcou profundamente e durante muitos anos tive muita dificuldade no relacionamento com meu pai. No dia do meu aniversário de 15 anos estava me arrumando no quarto para festa que meus pais fizeram. Meu pai e minha mãe discutiram e ele ficou muito nervoso e, por eu demorar um pouco no quarto, ele bateu à porta com ira e disse: "Se eu pudesse hoje daria um tiro na minha cabeça". Essas palavras ecoaram forte dentro de mim durante longos anos. Somente depois de ter um encontro com Deus e, por intermédio de uma experiência muito especial com sua presença, sujeitei aquela dor ao bálsamo da Palavra de Deus. Ordenei para que a dor fosse embora!

Decrete o fim para a tristeza e a dor que te persegue. Diga: "Dor, eu estou livre em nome de Jesus!". Se ela vier te incomodar, declare uma palavra de vitória e cura sobre sua vida. Não aceite mais que alguma experiência frustrante vivida cante uma música fúnebre no seu ambiente. Não permita mais que sentimentos nocivos e destrutivos ameacem o lindo plano que Deus tem para o seu futuro.

## NÃO PROCURE CULPADOS

> *Cura-me, Senhor, e sararei; salva-me, e serei salvo; porque tu és o meu louvor.* (Jeremias 17.14)

Relacionamentos saudáveis oxigenam nossa existência, mas os relacionamentos podem ser nocivos se tornarem-se muletas. A mulher que estava enferma poderia jogar todo o seu peso nas pessoas. Mas a cura não acontece em nossas emoções quando sempre estamos buscando culpados. Uma coisa muito importante que a pessoa ferida precisa fazer é parar com o hábito viciante de ver as pessoas como remédio para anestesiar a dor de seu vazio interior. Não procure culpados para o seu caso, pois não há cura em meio à culpa. Evite relacionamentos obsessivos e controladores que vão contra a sua vontade e anulam sua beleza interior.

A Bíblia diz que esta mulher enferma *não podia de modo algum endireitar-se* (Lucas 13.11). Isso significa que ela tentou e não foi bem-sucedida. Há momentos que nos sentimos incapazes de viver uma mudança. Quem sabe ela tivesse dado conselhos a outras mulheres, orou por outras mulheres, mas não via possibilidade de um tempo novo em sua vida. Verifique se o remédio que você "receita" a outros não tem sido usado por você. Use seus conselhos de fé para mudar a sua realidade e declare que o Espírito do Senhor está sobre você. Mesmo que você possa estar sofrendo, desanimada ou se sentindo frustrada, é o momento em que você precisa se disciplinar para tomar atitudes corretas. Para colher os resultados certos na vida, é necessário fazer o que é certo quando não se sente vontade de fazer. Você nunca chegará aonde quer sem estar disposta a sacrificar e avançar através dos obstáculos e das adversidades que se colocam em seu caminho. Obstáculos têm muitos nomes: pode ser atitudes, relacionamentos, pensamentos errados. Não importa o nome do obstáculo, e sim sua decisão de não culpar ninguém, nem a você mesma. Você precisa superar e seguir em frente. Some suas forças à de Deus, pois Nele suas forças sempre serão renovadas e caminhe em direção a um tempo novo.

Deus te ungiu para vencer, te enviou para colocar cativos em liberdade, porque você foi a primeira cativa a ser liberta. Você não vai morrer vendo as mesmas circunstâncias te cercarem, mas vai viver e andar em vitória pela Palavra de Deus e poderá testemunhar que Ele têm feito grandes coisas e por isso você está animada e alegre.

*O fato de você não conseguir ver algo hoje não significa que não se realizará.*

# CAPÍTULO 8

# MULHERES SÃO COMO MARGARIDAS

*É melhor morar numa terra deserta do que com a mulher rixosa e irritadiça.* (Provérbios 21.19)

A margarida é o nome popular e comum de uma grande variedade de plantas. O mais interessante é que essa flor também é conhecida como sinônimo de bem-me-quer e malmequer. Quem nunca na infância, assim como eu, colheu flores e brincou de bem me quer e mal me quer? A brincadeira consiste em arrancar pétala por pétala, enquanto se vai dizendo "Mal me quer", "Bem me quer", "Mal me quer", "Bem me quer". A última pétala a ser arrancada indica o bem ou o malquerer. Eu queria que meu colega de classe se apaixonasse por mim, então eu acreditava que a brincadeira traria a resposta que eu precisava. Embora fosse uma fantasia de infância, a impressão que eu tinha é que aquela flor poderia reunir a solução para as minhas indagações. Quando a sorte caía no mal me quer era uma grande decepção, mas eu não desistia de continuar tentando até que eu pudesse ser agraciada com o tão esperado momento de ser presenteada pelo bem me quer.

A verdade é que a vida é feita de tempos de "bem" e "mal". Mulheres são como margaridas e podem permanecer com toda sua beleza, mesmo enfrentando situações que podem roubar o entusiasmo. Seria tão bom não engordar tão rapidamente, mas já que o metabolismo feminino não nos compreende vou buscar alternativas de saúde para não roubar o bem do meu destino. O que quer que nos aconteça precisamos desenvolver a capacidade de superar adversidades e não se sentir como alguém frustrada e deprimida quando vê alguém vencendo.

Minha tia, Laura, é uma verdadeira mulher flor cheia de fé e coragem. Ela perdeu um bebê ao completar nove meses de gestação. Antes mesmo de dar à luz já sabia que estava morto. Foi difícil para ela se recuperar de tamanha perda... Por causa desse acontecimento precisou fazer uma transfusão sanguínea. Isso aconteceu há trinta e oito anos... Há cerca de três anos descobriu estar com hepatite em razão da transfusão. Precisou realizar vários exames, submeter-se a um tratamento muito difícil semelhante à quimioterapia, cujos efeitos colaterais eram mais devastadores. Fisicamente parecia que estava a cada dia pior. Uma sensação de morte a acompanhou durante longos e tenebrosos meses. Ela queria lutar contra as ameaças de uma doença muito cruel e tomou uma decisão de forma muito consciente e contrariando a vontade de sua médica: "Vou interromper esse tratamento" e a doutora, assustada, disse: "Dona Laura, se a senhora fizer isso terá que recomeçar tudo do zero, o que será muito pior". Minha tia estava decidida: "Vou parar este tratamento, mas vou começar outro". A doutora não entendeu nada. E a minha tia insistiu: "Vou começar tomando um outro remédio, doutora". A médica se assustou mais: "Mas o único medicamento para este tratamento era o que a senhora estava fazendo e quer desistir!". "Não, doutora, eu não disse que vou desistir... Vou começar a ler a Palavra de Deus todos os dias como meu remédio, e cada vez que eu for ler vou meditar na Palavra como se remédio estivesse sendo introduzido no meu corpo". Como resultado dessa fantástica atitude de superação e fé, hoje minha tia não tem ainda um laudo de sua cura completa, mas um ano depois de abandonar o tratamento médico, suas taxas de exames, que eram enlouquecedoras, agora enlouquecem sua médica, porque a medicina não explica por que minha tia está tão bem, forte e com um aspecto saudável. A autoestima dela está cada vez mais em alta, e quando alguma taxa dobra do valor normal, ela dobra a fé. Hoje vejo o quanto é possível vencer crendo que Jesus está a todo tempo do nosso lado, com suas mãos sempre estendidas, pronto a nos colocar em pé, mesmo na maior calamidade de nossa vida.

Você pode vencer também! O próprio Jesus disse: *Neste mundo vocês terão aflições; contudo tenham ânimo! Eu venci o mundo* (João 16.33). Você pode experimentar um mundo melhor se decidir se ver de modo diferente do que pode se ver agora. Desenvolva um espírito confiante e se veja como alguém que vai agir de modo ousado diante do "mal me quer" da vida. A grande chave que abre portas para uma vida bem-sucedida e equilibrada é trabalhar, a fim de que suas emoções se tornem saudáveis. Seja uma mulher confiante e veja oportunidades chegando, mesmo em condições contrárias.

Lembro-me do quanto foi difícil perder um bebê de uma gestação de cinco meses, mas decidi transformar minha experiência traumática em fonte de inspiração para dizer a outras mulheres: "É possível ver o bem do Senhor em toda e qualquer situação". E hoje uso este momento para encorajar outras mulheres que passaram por problemas semelhantes. O fato de eu ser uma mulher não me torna um tipo diferente de cristão, mas o fato de eu ser um cristã me faz um tipo diferente de mulher. Deus transforma maldição em bênção e tudo que acontece conosco de alguma forma está cooperando para o nosso bem. Embora não entendamos, é o "Bem me quer de Deus". Sabemos que a vida possui altos e baixos e inúmeros montes e vales, mas precisamos compreender que a escolha por uma vida tranquila está em nossas mãos. As nossas emoções podem nos levar a um lugar que nos causará arrependimento depois. Esse é o perigo de sermos guiados por emoções negativas: elas nos causam muito arrependimento. Com isso, Satanás ainda traz condenação e coisas do tipo para a vida. E nós não queremos abrir a porta para ele, dando-lhe autoridade legal sobre a nossa vida, pelo fato de passarmos à frente de Deus através das nossas emoções.

## QUAL É A FONTE DAS SUAS EMOÇÕES?

> *O temor do Senhor é fonte de vida, para desviar dos laços da morte.* (Provérbios 14.27)

Quantas já tomaram decisões emocionais para entrarem em relacionamentos e se frustraram. As emoções nos levam a um determinado lugar, mas elas não podem nos sustentar nele. As emoções podem se tornar tão fortes a ponto de guiar-nos a tomar decisões irracionais, e não inteligentes. Somente porque nos sentimos de um certo modo não significa que é assim que as coisas são. Talvez você esteja vendo alguma coisa de um ângulo parcial e por isso suas conclusões se transformaram em feridas. Peça a Deus para ampliar sua visão limitada acerca da vida e das circunstâncias que te ameaçam. Temos que buscar o contentamento com a Palavra, e não com coisas que venham a estimular negativamente as nossas emoções. Não queremos ir para a Igreja porque não nos sentimos com vontade... Não queremos orar porque não nos sentimos com vontade. Não podemos viver desse modo como está escrito em 1 Coríntios 2.11-16. As emoções tentam fazer com que tomemos decisões fora da vontade de Deus. O homem natural não consegue entender os ensinamentos e a sabedoria de Deus, porque estes são discernidos, reconhecidos e estimados espiritualmente. Mas o homem espiritual examina, questiona e avalia todas as coisas. Pessoas espirituais não tomam decisões repentinas, baseadas apenas naquilo que sentem, mas investigam, examinam, e buscam o conselho do Senhor nas decisões que irão tomar. Conseguem ler o significado de tudo, mas ninguém consegue ter o discernimento apropriado acerca delas. Os pensamentos de Deus é que devem nos guiar nas decisões. Quando somos movidos por aquilo que move a Deus, não conseguimos dar as costas para quem está próximo a nós. Muitos nunca saem do reino carnal. Quando as emoções se tornam confusas, a mente se torna enganosa e à consciência é negado o padrão normal de julgamento. O apóstolo Paulo ao exortar a igreja de Efésios sobre a prática da santidade cristã diz: *Não foi assim que* aprendestes com Cristo, se é que de fato, o tendes ouvido e Nele fostes instruídos, segundo a verdade que é Jesus, despojeis do velho homem, quanto ao trato do seu passado e que se corrompe com as concupiscências do engano e vos renoveis no espírito da vossa mente (Efésios 4.20-24). Na verdade, o apóstolo Paulo estava dizendo: "Tenham uma mente saudável porque foi isso que Cristo nos ensinou".

> *Porque, quem conheceu a mente do Senhor, para que possa instruí-lo? Mas nós temos a mente de Cristo.* (1 Coríntios 2.16)

Uma pessoa emocionalmente cansada não consegue pensar direito e a sua consciência não consegue discernir o certo e o errado. A maturidade emocional é algo que todos os crentes devem buscar. Temos que reconhecer o papel das emoções nas nossas vidas, em vez de dar a elas o reconhecimento que cabe apenas a Deus; sempre as submeta aos planos e propósitos Dele. Como já disse, as nossas emoções não nos dão um quadro exato de como as coisas verdadeiramente são. A maneira como percebemos as coisas muitas vezes não é um retrato exato da realidade ao nosso redor. As suas emoções e sentimentos podem estar completamente equivocados a respeito de inúmeras situações. O nosso alvo deve ser a maturidade emocional.

Todos nós já tomamos decisões emocionais das quais nos arrependemos: "Por que eu comprei isso?", "Por que eu falei isso?"... O Rei Davi, antes de cometer adultério, ao se debruçar na varanda do palácio deve ter pensado: "Que vista! Linda" (2 Samuel 12.2). Davi permitiu que suas emoções o levassem para fora da direção de Deus. Aquela mulher era esposa de outro homem. Davi executou um plano de morte simplesmente porque queria o que queria. As emoções dele o deixaram cego, o levaram para fora da vontade de Deus. Tudo começou porque ele permitiu ser guiado pelas emoções. Quais decisões você tem tomado e que têm te afastado da vontade de Deus? O foco deve ser a verdade, e não a maneira como nos sentimos. A vida deve estar estabelecida sobre a rocha, que é a Palavra de Deus, e não sobre as emoções, que são tão inconstantes como as ondas do mar. Mesmo sem o suporte das emoções, a nossa escolha deve ser sempre fazer o certo. Não podemos fazer o errado simplesmente com base na maneira como nos sentimos. Talvez estejamos apenas tendo um mau dia, e não podemos operar assim. As nossas emoções não podem ser colocadas em um lugar onde não seremos guiados pelo nosso homem interior.

Precisamos reconhecer aquilo que sentimos, sabendo que as nossas emoções muitas vezes não correspondem à verdade dos fatos. Também precisamos submetê-las a Deus, que é a nossa verdadeira fonte.

## VENCENDO O NEGATIVISMO

Em 2 Reis 5.1-19, a Bíblia Sagrada conta a história de uma menina israelita que era escrava na casa de Naamã, um importante general da Síria. O que me chama a atenção é o fato de que mesmo ela sendo uma escrava em um país estranho, isso não a deixou mal-humorada ou negativa. Ela demonstrou grandeza ao se preocupar com o bem-estar de seu patrão e ao mesmo tempo em trazer o bem para aquela casa. Essa moça tão jovem não se sentiu ameaçada com sua situação e se comportou como uma verdadeira guerreira. Ela não se sentiu limitada ou inferior por ser escrava e estar vivendo uma situação adversa, mas semeou virtude por meio de um sábio conselho à sua senhora, orientando-a para que Naamã procurasse o profeta e fosse curado de sua doença incurável. Essa história nos ensina uma lição valiosa. Quando Deus permite algo que aparentemente seja um "mal me quer", precisamos aprender a olhar a situação de forma nova.

Sempre que Deus permite que provações entrem em sua vida, Ele tem um propósito para cada uma delas. Quer que você aproveite cada leão, cada urso, cada cova e use para o seu crescimento espiritual, em vez de deixar as dificuldades espremê-lo e levá-lo ao desespero e ao desânimo. Se você responder de forma correta às adversidades, elas se transformarão em instrumento de bênção e grandes oportunidades surgirão. Temos o hábito de chamar nossos problemas de mal. Mas eles são grandes oportunidades de crescimento. Sabe o que você precisa, querida mulher flor? Fazer guerra contra os sentimentos negativos. Talvez você pense: "Tudo que eu preciso é de uma mudança física, afinal o meu corpo não é o que sonhei, os meus cabelos precisam de mudança, o meu nariz me incomoda", quando de fato o que você necessita é de uma reforma interior. O Dr. Maxwell Maltz, cirurgião plástico renomado dos Estados Unidos, falecido em 1975, desenvolveu a psicocibernética, um sistema empregado para melhorar a autoimagem e a autoconfiança, de modo a conduzir a uma vida mais bem-sucedida. Ele estudou o que aconteceu com suas pacientes após ele ter realizado as cirúrgicas plásticas e constatou que a maioria delas, mesmo após o procedimento, permaneceram deprimidas e se sentindo inferiores. O que isto nos prova? Se você não tiver uma imagem positiva acerca de si mesmo e priorizar mudanças interiores, sua vida estará sempre estacionada no mesmo patamar de frustração. Diga um não bem grande aos sentimentos de derrota e frustração.

Experimente dizer: "Eu nasci para dar certo. Eu viverei todo o bem do Senhor em minha vida", "Vencedora é o meu nome!", "Meu destino é conquistar e superar desafios a cada dia!", "Eu posso todas as coisas porque sinto Deus me fortalecendo!", "Eu sou bonita, sou especial, preciosa aos olhos de um Deus que me formou para um grande projeto!".

## MUDANÇA DE ESTAÇÃO

> *Eis que faço coisa nova, que está saindo à luz; porventura não o percebeis? Eis que porei um caminho no deserto e rios, no ermo.* (Isaías 43.19)

Em uma manhã de setembro, eu abri a minha janela e fui surpreendida por uma rajada de vento. Percebi que não só o tempo havia mudado, mas à minha volta muitas coisas estavam começando a mudar. Flores que antes estavam murchas agora poderiam mostrar botões pequenos de flores. Os arbustos que eram marrons e quase estéreis estavam rompendo com folhas verdes. Ao olhar para as mudanças na natureza, o Espírito Santo imprimiu em meu coração que não só estamos entrando em uma nova temporada no natural, mas há também uma nova temporada no Espírito também. Uma das definições de estação é: "um momento oportuno". Muitos de nós estamos em diferentes momentos da vida. Talvez você esteja na primavera, verão, outono ou no inverno de sua vida. Talvez você seja uma jovem mãe que sonha com o dia em que os seus filhos vão crescer e em breve você viverá sonhos antigos. Talvez você está apenas começando sua carreira e não pode esperar por nada porque sua estação está dizendo: "Prepare-se para maiores cargos", ou talvez filhos se foram e você não percebeu que tem um novo caminho a seguir. Quem sabe você está em um momento difícil do seu chamado em Deus... Não importa em qual época da sua vida você está, Deus quer que você ande na sua estação superando desvantagens, vencendo obstáculos e experimentando o novo de Deus. Isso garante que você receberá o máximo de benefícios e bênçãos que Ele lhe tem reservado. Você pode estar fazendo a pergunta: "Como faço para tirar o máximo proveito da temporada que estou vivendo?". Deve andar pela fé e não por vista. Em qualquer época do ano, é fundamental entender o ABC da fé. Antes que você comece a aprender a escrita cursiva, você teve que aprender a escrever em letra de imprensa. Hebreus 11.1 afirma o ABC de fé: *Ora, a fé é o firme fundamento das coisas que se esperam, e a prova das coisas que se não veem.*

Em outras palavras, a fé é confiar em Deus antes de ver a manifestação do que está esperando. Você realmente acredita que pela fé que Deus fará o que Ele diz que vai fazer? Eu sou uma testemunha absoluta que você pode se alegrar agora sabendo que a coisa que você esperava vai acontecer na estação que profetizar por fé. Tenho vivido um tempo de colheita surpreendente por entender que posso criar uma estação de calor, mesmo que eu esteja em um longo inverno. Aprendi pela fé ver o impossível e acreditar que nada pode acontecer comigo, sem que eu antes o veja pela fé. Meus olhos sempre viram meus livros em grandes livrarias espalhadas por todo o Brasil e hoje posso viver o que eles sempre acreditaram. Meus olhos me levam aonde quero chegar, então trabalho para que os resultados aconteçam. Os resultados são incríveis. O apóstolo Paulo nos ensina no livro de Romanos 8.25: *Se esperamos o que não vemos, com paciência o esperamos.*

O seu objetivo precisa ser mais do que falsas crenças que a realidade à sua volta impõe. Todas as estações que vivemos contribuem para gerar mecanismos de sucesso na vida. O apóstolo Paulo entendeu a exatidão desta verdade: *E sabemos que todas as coisas contribuem juntamente para o bem daqueles que amam a Deus, daqueles que são chamados segundo o seu propósito* (Romanos 8.28).

Chegou o tempo de sair da estação da depressão, da derrota e do desânimo. O sol está brilhando lá fora! É preciso despertar e abrir mão das crenças erradas acerca da vida. Deus não a chamou para permanecer no quarto escuro da desistência e nem na caverna do isolamento. Uma nova estação a espera com novos e abundantes frutos. Não importa quantas experiências infelizes você teve, é possível recomeçar hoje e viver um novo tempo. Você não está destinada a sofrer por toda a sua vida por algum erro que possa ter cometido. Deus a chamou para viver uma vida com abundância, e não fadada ao pessimismo. As pessoas que mais vencem são aquelas que ignoram completamente os desacertos da vida e partem com ousadia para apoderar--se do seu futuro.

A Bíblia Sagrada nos garante que tudo tem seu tempo determinado e há tempo para todo propósito debaixo do céu (Eclesiastes 3.1). Para fazer do sucesso uma realidade em nossas vidas, temos que transformar as estações em portas de conveniência. Quando você estiver atravessando uma estação de perda, transforme sua dor em poesia, faça de seu drama uma experiência para encorajar outros, pois nenhuma estação é eterna, somente a Palavra de Deus, seus ensinos e verdades podem ser eternizados na trajetória de vida.

## O BEM ME QUER DE DEUS

> *Aparte-se do mal, e faça o bem. Busque a paz, e siga-a.* (1 Pedro 3.11)

Não há vitórias a preços de desconto. Para ter vitória na vida é necessário priorizar Deus e nos submetermos a Ele. Tiago pergunta: *De onde vêm as guerras e pelejas entre vós? Porventura não vêm disso, a saber, dos vossos deleites, que nos vossos membros guerreiam? Cobiçais, e nada tendes; matais, e sois invejosos, e nada podeis alcançar; combateis e guerreais, e nada tendes, porque não pedis. Pedis, e não recebeis, porque pedis mal, para o gastardes em vossos deleites.*

A palavra "guerras", neste texto, refere-se a lutar sem armas, como em conflitos pessoais. Esses conflitos não têm nada a ver com a briga com o mundo, mas brigas entre membros de um mesmo corpo, a igreja.

Brigas e discussões estão sendo causadas, não por alguma fonte externa, mas por nossos desejos maus. Quando buscamos o nosso próprio prazer, isso só pode resultar em discórdia. Essa batalha implica em um grande entrave entre o desejo de fazer o bem e o desejo de fazer o mal. No versículo 2, Tiago chega ao cerne da questão. Ele diz: *cobiçais e nada tendes*. Em vez de repensar os seus desejos, as pessoas estão sendo descritas por ele pelo ciúme, pelas brigas, discussões... Em resumo, a mensagem é: A razão de não ter o que você quer é porque você não pede a Deus por isso. Em outras palavras, você não tem o que deseja, porque não deseja Deus. Tiago diz que mesmo quando você pede, não recebe porque "pedis mal". A palavra "mal" relaciona-se a ser incorreto ou impreciso. As pessoas não devem se surpreender quando não têm resposta para suas orações, porque muitas vezes o motivo é todo errado. Muitos gastam o que receberam em seus prazeres. Orações podem não ser respondidas, porque o que estamos buscando é a nossa vontade, e não a de Deus. Veja o que diz o apóstolo João: *Esta é a confiança que temos Nele, que, se pedirmos alguma coisa, segundo a Sua vontade, Ele nos ouve* (1 João 5.14).

A vontade de Deus deve estar sempre em primeiro lugar. O benquerer de Deus para nós é que o coloquemos como o primeiro, o centro das nossas atenções, para que possamos atrair sua atenção até nós. Lembre-se que uma mulher pecadora sequer tinha sido convidada para um jantar, mas com sua atitude de adoração atraiu a presença de Jesus. Para ela, o jantar não tinha a mínima importância, pois sua vontade era buscar a presença do convidado mais ilustre.

Muitos dos nossos problemas foram gerados por negligenciarmos a doce presença de Jesus e desprezarmos Seus sábios conselhos. Certa vez ouvi um pregador dizer: "A vontade de Deus nunca irá levá-lo aonde a graça de Deus não pode mantê-lo. Se não, não é a vontade de Deus".

Se observarmos bem a vontade Dele, que sempre nos conduz na direção certa, vamos notar que é preciso amá--Lo mais que ao mundo. O problema é que algumas pessoas tentam viver e vivem em dois mundos. Querem ser cristãos e também viver de acordo com os caminhos do mundo.

Mas isso não vai funcionar, porque a amizade com este mundo torna uma pessoa inimiga de Deus. O mundo é o sistema do mal sob o controle de Satanás, tudo o que se opõe a Deus. Devemos amar os pecadores e sermos um poderoso canal para fazer brilhar luz em meio às trevas. Somos mulheres separadas e canais para que outras nos vejam como espelho de virtude e de frutos dignos de um evangelho que transforma e cura. Você não pode ter um pé no reino de Deus e outro no mundo.

Se Deus não é o primeiro lugar, há algo seriamente errado em sua vida espiritual. Se Jesus não ocupar o primeiro lugar no *ranking*, você nunca terá uma vida de vitórias plenas e satisfatórias.

Deus é o nosso maior benefício porque Ele é o manancial da verdadeira felicidade, e isso o mundo não pode nos oferecer.

No livro de Tiago, capítulo 4 e versículo 7 encontramos uma verdade poderosa: *Sujeitai-vos, pois, a Deus. Resisti ao diabo, e ele fugirá de vós.* "Sujeitar" é um termo militar "para ser subordinado" ou " prestar obediência". "Resistir" significa "tomar uma posição contra". Tome uma posição contra o diabo e todas as resistências que te amedrontam serão obrigadas a recuar. Você tem uma grande promessa! No entanto, certifique-se de que está colocando Deus em primeiro lugar e depois resista ao diabo. Não tente resistir ao diabo sem se submeter a Deus, e você se tornará uma mosca para seu adversário.

Lembro-me de uma época em minha vida que estava enfrentando muitas contrariedades. Estava casada há pouco tempo e descobri que no prédio que fui morar (onde havia apenas três apartamentos) tinha uma vizinha macumbeira e a outra feiticeira. Até então tudo bem, se eu levasse uma vida sujeitando-me a Deus como era Sua vontade. Muitas vezes, quando deveria estar orando e buscando a Deus, estava assistindo à novela. Outras vezes chorava com a turbulência que estava enfrentando, quando deveria usar minha ousadia em Deus. Fazer existir uma mudança em minha atmosfera. Durante meses essas "adoráveis vizinhas" sujaram de terra e outras coisas mais a escada do prédio, manchavam minha porta, e quando eu e meu esposo fazíamos reuniões de oração, elas colocavam música no volume máximo, além de dúzias de velas na nossa porta. Durante dez meses a afronta somente aumentava e tudo me atingia com grande facilidade. O diabo não podia fugir porque eu não estava me sujeitando a Deus. Preciso dizer algo importante: o diabo não se importa se você vai à igreja, ele também não se incomoda se você carrega uma Bíblia debaixo do braço, ele nem liga se de vez em quando ouve uns louvores para acalmar sua alma. A única forma de fazer resistência a ele é sendo submissa a Deus e Sua vontade; e principalmente: você precisa assumir sua posição de autoridade em Cristo Jesus.

A maneira como vivemos é importante para Deus. Quanto mais nos aproximamos Dele e, humildemente, submetemos a Sua autoridade em nossa vida, mais perto ele chega até nós. Quanto mais perto ele chega até nós, o mais abundante é o Seu poder. Uma vez que o seu poder é farto em nossa vida, o diabo não tem a menor chance.

> *O Senhor está perto de todos os que o invocam, de todos os que o invocam em verdade.* (Salmo 145.18)

Suas guerras serão eternas se você menosprezar sua posição em Cristo Jesus e não mudar sua posição na batalha da vida. Sua vida será marcada pelo choro, se decidir ser uma vítima das situações contrárias.

O psicólogo e filósofo William James lecionou na Universidade de Harvard e afirmou que uma das maiores descobertas de sua geração foi que, ajustando nossas atitudes, mudamos nossa vida. Pense na sua atitude como um controle remoto da sua televisão. Se o programa que você está assistindo não vai lhe acrescentar nada, então pegue o controle remoto e mude o canal.

Eu me levantei e troquei o meu canal, escolhi um tapete como meu lugar de busca e me ajoelhei durante meses buscando me sujeitar a Deus, orei pelas vizinhas, arranquei da minha vida o tempo ocioso e transformei minha casa em um santuário, onde hoje muitas pessoas que a visitam dizem: “Tem algo diferente neste lugar”. E eu respondo que tem mesmo: “Deus gosta de estar aqui, porque atraímos Sua presença. Minha casa é um lugar de adoração, ação de graças e Palavra de Deus. Está longe de ser um lugar perfeito, mas onde Deus é celebrado, o diabo não pode prevalecer”.

Quanto às “adoráveis vizinhas?”, elas se mudaram de casa ao mesmo tempo, vinte e oito dias após eu ter me posicionado contra as oposições e decidido fazer da minha vida um lugar em que o trono de Deus tem liberdade de fazer morada.

*As pessoas que mais vencem são aquelas que ignoram completamente os desacertos da vida e partem com ousadia para apoderar-se do seu futuro.*

# Capítulo 9

# Mulheres são como o Girassol

*Falou-lhes, pois, Jesus outra vez, dizendo: Eu sou a luz do mundo; quem me segue não andará em trevas, mas terá a luz da vida.* (João 8.12)

O girassol é conhecido por ter muitas características que outras plantas não têm. Para começar, ele pode chegar aos três metros de comprimento, dependendo do tipo de tratamento que lhe é dado durante os seus primeiros tempos de vida. Além de bonita, a planta é utilíssima, pois do girassol tudo é aproveitado, desde as sementes até as flores e os ramos. Uma outra característica muito interessante é que eles ficam sempre virados para o sol e seguem-no até que o sol se ponha, por isso é conhecido como a "flor do sol".

Vamos conhecer a história de uma mulher que se tornou a "flor do sol" de seus dias, pelo menos na minha animada opinião. O texto bíblico no livro de Josué nos conta: *E Josué, filho de Num, enviou secretamente, de*

*Sitim, dois homens a espiar, dizendo: "Ide reconhecer a terra e a Jericó". Foram, pois, e entraram na casa de uma mulher prostituta, cujo nome era Raabe, e dormiram ali* (Josué 2.1).

Raabe começa a ser conhecida a partir desse instante. Josué, como um bom líder, um bom comandante, envia dois espias para conhecer a terra, para sondar a terra, para conhecer os seus pontos fortes e fracos. O interesse de Josué era Jericó, mas o interesse de Deus era Raabe, uma mulher que morava em Jericó. Quando Josué envia seus espias a Jericó ele demonstra preocupação com coisas que muitas vezes nós nos preocupamos. Mas, quando Deus envia os espias ali, o interesse Dele era uma mulher que já conhecia Deus de ouvir falar, mas ainda não tinha um relacionamento íntimo com o Pai. Talvez você possa estar se perguntando: "Mas o que servos de Deus faziam na casa de uma prostituta?". Naquela época, as casas das prostitutas funcionavam como uma espécie de hotel, uma pousada para os viajantes. E em Jericó havia muitas prostitutas, havia muitas mulheres, havia outras pensões... Mas naquele dia a escolhida de Deus era Raabe. Ele sempre chega no lugar certo para levantar quem Ele quer. Deus sempre chega no lugar certo para chamar quem Ele quer. Deus sempre chega na hora certa para trabalhar com quem Ele quer. Tem muitas mulheres inteligentes, tantas outras são muito bonitas, um grande número de mulheres possuem títulos e fama, mas algo precisa encher o seu coração de alegria: a escolhida de Deus é você! Porque onde estiver uma escolhida, Deus irá buscá-la para cumprir o Seu propósito.

Ninguém precisa entender o que Deus quer fazer. Ninguém precisa concordar com os planos que Ele já traçou para o seu futuro. Mesmo que descubram a fórmula mágica para ler pensamentos, ninguém sequer pode mensurar as grandezas que Deus está reservando para você. No filme *Do que as mulheres gostam*, Mel Gibson interpreta um executivo de publicidade e, para entender melhor as mulheres, ele se sujeita a uma experiência nova. Coloca um par de meia-calça, depila as pernas com cera etc. Então, inesperadamente, tropeça, cai numa banheira junto com o secador de cabelos e leva um tremendo choque. O resultado de sua experiência eletrizante é a capacidade sobrenatural de ouvir os pensamentos do sexo oposto. Fique tranquila, isso não passa de ficção e ninguém poderá ler seus pensamentos e muito menos imaginar o que Deus tem preparado para aqueles que o amam.

Deus tem um futuro eletrizante e contagiante para você, querida mulher! E é infinitamente melhor e maior que qualquer experiência cinematográfica. Não importa quem não acredita. Quem não investiu em você vai se arrepender grandemente.

Voltando para Raabe...

Em cidade pequena, você sabe como as notícias se espalham rápido. Logo toda a cidade ficou sabendo que havia homens de Israel na casa de Raabe. O rei de Jericó soube e mandou mensageiros para bater na porta da casa de Raabe. Ela então se viu diante de uma difícil decisão: ficar do lado do rei de Jericó ou do Deus de Israel. E ela sabia também que um ato de infidelidade ao rei de Jericó poderia lhe custar muito caro. O mais fascinante na história de Raabe é que não somente Deus a tinha escolhido, mas ela também elegeu Deus como seu Senhor. Ela decidiu se virar para a luz do mundo. Raabe jamais andaria em trevas, mas agora ela seguiria a luz da vida. Que mais acertada e perfeita decisão!

Em uma determinada época de minha vida sofri com uma enfermidade que me roubava as forças, o ânimo e a disposição. Não conseguia trabalhar normalmente como as demais pessoas, uma fraqueza tomou conta do meu corpo e não rendia nos empregos como os demais funcionários. Procurei muitos especialistas, fiz vários exames, mas somente experimentei saúde plena resolvendo ser uma flor do sol ao escolher, com 24 anos, Jesus como meu verdadeiro caminho a seguir. Minha vida, que até então parecia nebulosa, tornou-se vibrante, iluminada e feliz. Sou uma mulher muito motivada, uma pastora entusiasmada com o plano perfeito da mudança que Jesus Cristo promove em cada pessoa que entrega sua vida a Ele. Sou uma apaixonada por escrever letras que possam trazer encorajamento, pois falo, prego e escrevo tudo que meu coração tem transbordado.

Quero que saiba que enfrentei momentos sombrios, experimentei a depressão, a síndrome do pânico, todavia descobri uma razão superior para viver, um motivo perfeito para uma existência sem limites, uma grande luz motivadora invadiu a minha caverna de desespero: Jesus! Ele colocou luz onde havia trevas, apontou uma lanterna na minha direção e disse: "Minha filha, eu tenho um bom futuro para você, ainda serás um grande canal de encorajamento e vais produzir muitos milagres por meio de sua história".

Abraham Lincoln afirmou que quase sempre a maior ou a menor felicidade depende do grau de decisão de ser feliz. Embora tivesse experimentando um momento complexo, dei um salto em direção à minha felicidade. Decidi manter meu foco na esperança de um novo futuro com um Jesus especialista em cuidar de flores, mesmo que elas estivessem machucadas e maltratadas pela vida. A psicanalista e escritora Elisabeth Kübler-Ross disse que as pessoas muitas vezes são como vitrais: "Elas brilham e reluzem quando bate o sol, mas quando cai a escuridão, a sua verdadeira beleza só é revelada se houver uma luz vinda do seu interior". Deus trouxe claridade ao meu interior. Que cuidado generoso e surpreendente! Como disse o Salmista: *Porque em ti está o manancial da vida; na tua luz veremos a luz* (Salmo 36.9).

## CORAGEM PARA RECOMEÇAR

> *Mas agora, Senhor, que hei de esperar? Minha esperança está em ti.* (Salmos 39.7)

Raabe protegeu os espias de Israel. Entretanto, para se proteger, mentiu. Raabe mentiu, é verdade. Deus não aprova a mentira, mas ele aprova a coragem e todo aquele que se apresenta diante Dele tem recompensa. Por causa do risco que Raabe correu recebendo os espias, ela é apresentada como um exemplo de alguém que teve muita fé (Hebreus 11.31). Ela começou a ser transformada por causa de uma decisão. No versículo 9 de Josué 2, Raabe começa um diálogo com os espias que são enviados a Jericó. Ela diz: *Bem sei que o Senhor vos deu esta terra, e que o pavor caiu sobre nós e todos os moradores da terra estão desmaiados.* Bem sei que o Senhor já entregou a terra...

Josué sabia da promessa que o Senhor havia feito de lhes entregar a terra, mas estava preocupado, e o povo de Israel sabia, mas duvidava. Mas... Raabe tinha certeza de que Deus havia dado aquela terra ao povo de Israel! Como entender isso? Que mulher de coragem! Você está aí pensando: "Será que vai dar?", "Será que vai acontecer?", "Será que eu vou conseguir?", "Será que a minha hora vai chegar?", "Será que eu vou viver a promessa?". Mas lá no arraial dos teus inimigos, todos já sabem... Os teus inimigos já sabem que você vai vencer. Você precisa de coragem para crer que ainda que uma muralha separe você da sua promessa, vai acontecer, porque o Deus que prometeu, não é Deus de brincadeira.

Raabe continuou conversando com os espias... E se Jesus estivesse presente, certamente ele diria: "Nem em Israel eu vi tanta fé!". Ela diz: "Eu tenho ouvido que o Senhor secou as águas do Mar Vermelho diante de vós...".

O texto não nos revela os motivos que levaram Raabe a prostituir-se, ou se teve ou não outra escolha, mas o que me chama a atenção é que ela, mesmo conhecendo as consequências de seu ato de coragem, decidiu investir em um recomeço, afinal seus deuses nunca haviam feito nada por ela. Ela resolveu depositar sua confiança em um lugar melhor. Raabe já estava acostumada a olhar para cima e adorar seus deuses. Em Jericó se adorava a deusa lua. E no versículo 11 de Josué 2, ela faz uma declaração de quem se armou de ousadia para viver um novo tempo: *... porque o vosso Deus é Deus em cima nos céus e embaixo na terra.*

Na verdade, ela estava dizendo: o seu Deus é Deus no céu, mas é Deus embaixo, na terra e isso eu nunca vi! Para muitos, Deus está apenas no céu, mas, o nosso Deus, é Deus no céu, mas também é Deus no fórum. Ele é Deus no céu, mas é Deus na faculdade, no hospital, na prefeitura, é Deus na multinacional, é Deus no seu bairro, é Deus na tua casa. É Deus no seu casamento, Ele é Deus nas suas maiores dificuldades. Ele está em um alto e sublime trono, cheio de glória, poder e majestade, mas Seus olhos estão inclinados para você.

> *Porque assim diz o Alto e o Sublime, que habita na eternidade, e cujo nome é Santo: Num alto e santo lugar habito; como também com o contrito e abatido de espírito, para vivificar o espírito dos abatidos, e para vivificar o coração dos contritos.* (Isaías 57.15)

Um Deus que é Deus no céu, mas é capaz de tirar a roda do carro de faraó para ele não andar, isto não é incrível? Um Deus que é Deus no céu, mas falou para Moisés: "Eu vi a aflição do meu povo e desci para livrá-los". Um Deus que antes de subir aos céus teve a delicadeza de dizer para nos tranquilizar que estaria conosco todos os dias até a consumação dos séculos. Este é o afago de um Jardineiro que não abandona suas flores sem cuidados especiais, mesmo que condições contrárias sobrevenham.

Deus não está preso a um trono, não está preso a um lugar, a uma região, Deus está no meio da igreja, mas Ele está andando bem pertinho de você, neste momento, enquanto lê este livro, cheio de poder, cheio de glória, cheio de majestade. Ele veio porque você está aqui, ele veio porque ouviu a sua voz, ele veio por causa do seu tormento. Veio porque não vai permitir mais que ninguém humilhe você.

Ele é Deus! Ele é Deus em cima, mas é Deus embaixo. O teu Deus vai agir aqui na Terra. Prepare-se!

Raabe continuou o diálogo com os espias e pediu para que eles livrassem sua família. Certamente, o relacionamento não era fácil entre Raabe e os familiares. Se nos dias de hoje não é fácil conviver com uma prostituta, imagine naquela época? Será que Raabe era amada, será que sua família se orgulhava dela? Raabe é marcada pela vergonha e rejeição. Raabe é motivo de tristeza e desonra. Se algum dia você foi motivo de vergonha e tristeza para alguém, se algum dia foi motivo de desonra, se algum dia alguém se recusou a dizer que te conhecia, o Deus que entrou na casa de Raabe e deu um giro na vida dela, e tirou Raabe de baixo e a colocou em cima, esse Deus vai mudar a sua história também.

Os espias então orientaram Raabe a colocar toda sua família na sua casa e a pendurar um fio de escarlate na janela. Dessa forma, ela seria salva juntamente com toda sua parentela. Você já imaginou todos da sua família no mesmo teto, em um espaço pequeno? Criança correndo pela casa, cunhado abrindo a geladeira, sogra sentada no sofá... Meu Deus!

Sabe, queridas, muitas vezes queremos ver Deus agir, mas para isso vamos ter que abrir mão de algumas coisas. Teremos que aceitar pessoas do nosso convívio perto de nós. Queremos ver Deus agir, mas vamos precisar suportar muitas coisas. Nós não sacrificamos tudo para o reino de Deus. Nós nos tornamos parte de uma religião sem custos, uma religião não sacrificial, conveniente, embora a salvação seja gratuita, sempre vai custar algo se queremos nos aproximar de Deus. Pode custar alguns relacionamentos, pode custar alguns amigos. Mas agora: eu sou Raabe transformada, aleluia!

A segunda missão de Raabe era colocar o fio de escarlate pendurado na janela. Para Raabe isso era fácil, porque ela trabalhava com tecelagem. Fácil era colocar o fio, difícil era explicar o que o fio estava fazendo ali. Você tem vizinhos curiosos? Raabe também tinha.

Só existia um motivo que levaria uma pessoa a colocar o fio de escarlate pendurado na janela: se esta pessoa fosse convidada a comparecer na presença do rei e se fosse receber dele um ato de favor ou misericórdia. Quando Raabe pendurou o fio ela estava dizendo: "Eu fui convidada. Vou entrar na presença do rei. Vou receber favor do rei". Pendure o seu fio, prepare o cenário, porque o que Deus prometeu que fará na sua vida, ele vai fazer! A sua aliança é com Deus e o que Ele prometeu, Ele vai cumprir! Quando Deus começa, Ele vai até o fim. Não deixa obra incompleta ou pela metade.

Deus dá um prazo de sete dias para dar tempo de a família de Raabe chegar. O povo de Jericó estava desesperado, sem entender nada. Que povo é este que rodeia, rodeia, tão tranquilo e começa haver pavor e medo na cidade? O final de Raabe e sua família foi incrível. Todas as muralhas foram ao chão, mas Raabe, sua casa e tudo que era seu permaneceu em segurança. O que parecia impossível e perdido teve um final inusitado e surpreendente.

Deus está dando um giro na sua vida. Onde houve desonra, haverá honra. Deus vai realizar uma grande mudança em sua vida. Ele vai te colocar em lugar maior e melhor do que você esperava. Quem é o homem para impedir Deus de mudar a sua vida? Se Ele agir quem poderá impedir?

*Deus escolheu as coisas loucas do mundo para envergonhar os sábios e escolheu as coisas fracas do mundo para envergonhar as fortes, Deus escolheu as coisas humildes do mundo, as desprezadas, e aquelas que não são, para reduzir a nada as que são.* (1 Coríntios 1.27-28)

## JARDIM DE RIQUEZAS

*E, tendo passado para o outro lado, chegaram à terra de Genesaré.* (Mateus 14.34)

Raabe entrou para a galeria dos heróis da fé. A escolha é sua e somente sua no que diz respeito ao que fará com o resto de sua vida. O que a está segurando em permitir que uma janela de novas oportunidades desabrochem diante de você? Está com medo de se arriscar? De não dar certo? De sofrer novamente?

Até quando vai permanecer em um lugar cômodo, cheio de tarefas comuns e rotineiras? Porque está com medo de fazer mudanças? Psicólogos detectaram uma espécie de resistência em mulheres envolvidas em relacionamentos abusivos. Mesmo vivendo em meio à dor e ao medo, elas se recusavam em deixar o namorado ou marido cruel, porque sentem ainda mais medo do desconhecido. Perderam a capacidade de fazer novas escolhas, que as levariam para um novo padrão de vida. Para fazer uma mudança, você precisa ser capaz de imaginar o que existe do outro lado. No Evangelho de Mateus, capítulo 14, Jesus dá uma ordem intrigante para os discípulos e quase os obriga a pegarem o barco e irem "para o outro lado", enquanto Ele estaria no monte orando. Sem entender, obedecem e no meio da rota eles foram surpreendidos por uma terrível tempestade. Nesse episódio, Jesus vem andando sobre as águas e a tempestade cede pela presença do Senhor dos mares. Jesus já sabia o que os esperava "do outro lado". Logo, em terra seca os discípulos chegariam a uma cidade chamada Genesaré, que significa "jardim de riquezas".

Como disse anteriormente, para fazer mudanças você precisará ter a capacidade de enxergar o que existe do outro lado. Ei, querida flor! O que está te esperando do outro lado é Genesaré, um jardim cheio de riquezas, novidades, bênçãos, surpresas inusitadas... Não demore a reconhecer a necessidade de agir e dar um passo para um novo tempo em sua vida. Despeça-se do medo, dê adeus ao conformismo e supere a rotina, fazendo o que realmente lhe acrescenta vida.

## UMA MULHER MUITO ACIMA DA MÉDIA

> *Mulher virtuosa quem a achará? O seu valor muito excede ao de rubis.* (Provérbios 31.10)

Virtuoso é quem vive em conformidade com os princípios morais e éticos; moralmente excelente, aquele que possui e exibe virtude. Mais especificamente: expõe coragem e força; é valoroso; valente; corajoso, potente, com excelência moral.

Quem pode encontrar uma mulher virtuosa seu preço está muito acima de rubis? Rubi é uma joia muito rara e valiosa e, em comparação, é mais valiosa do que os similares diamantes de tamanho. Uma mulher virtuosa é impagável. Quem pode encontrar uma mulher virtuosa? A pergunta implica que alguém está olhando e a buscando e que ela é difícil de encontrar.

As mulheres virtuosas são raras. Não apenas os homens estão à procura de uma mulher virtuosa, mas Deus está procurando mulheres virtuosas também.

Conheci uma mulher virtuosa, uma mulher incrível e cheia de mansidão e sabedoria. Essa bela flor, aos 83 anos, foi perfumar os belos jardins da morada celestial... Minha querida sogra, Terezinha, carinhosamente chamada de Tetê. Criou sete filhos com bravura após a morte do esposo e sempre se dedicou com alegria à família, ensinando o caminho do Senhor. Teve catorze netos e sete bisnetos. As virtudes dela estarão sempre em minha memória e na de todos que cresceram ouvindo seus inspiradores conselhos.

Deus está à procura de mulheres para marcarem a história de quem está à sua volta. Mulheres que transpirem força, mulheres de coragem e de excelência moral.

A mulher casta, pura, também é virtuosa. Em meio a um mundo maléfico e repleto de seduções, as quais nos afastam da Palavra de Deus, ainda é possível ser pura, doce e manter-se em estado de alerta contra toda e qualquer contaminação. Jesus nos advertiu no Evangelho de Mateus: *Eis que vos envio como ovelhas ao meio de lobos; portanto, sedes prudentes como as serpentes e inofensivos como as pombas* (Mateus 10.16).

Provérbios 12, capítulo 4 nos diz também que uma mulher virtuosa é a coroa do marido, mas aquela que o envergonha é como a podridão dos seus ossos. A coroa traz honra para um rei. A coroa é o motivo de orgulho para um rei. As coroas costumavam ser feitas de ouro e pedras preciosas. Ser uma coroa para o marido significa ser uma recompensa para ele. Essa descrição da mulher virtuosa é projetada para mostrar o que as esposas devem fazer e escolher. Ser uma mulher virtuosa é o que o Senhor exige de você. A mulher virtuosa é discreta. Não fala demais, mantém equilíbrio em suas ações. Longe de ser uma pessoa sem defeitos, inteiramente acabada como uma construção perfeita, mas suas imperfeições são colocadas nas mãos do Jardineiro Jesus, que as usa como barro moldá-la à sua imagem.

Ela cuida de casa enquanto o marido está fora. Não liga o dia inteiro para o marido, tirando a paz no seu trabalho. Incentiva-o e anima-o e é uma verdadeira motivadora no lar. Faz da casa um lar e nenhum ambiente pesado e desagradável. Esforça-se para manter o clima agradável e no meio de sua família todos celebram sua presença.

Rute era conhecida como uma mulher virtuosa. Ela era uma dessas mulheres virtuosas que não comia o pão da preguiça, mas que demonstrava amor, mesmo em meio a situações conflituosas.

Se ler o livro de Rute, você encontrará um exemplo de mulher que prefere descobrir novos caminhos, dedicada e esforçada, que não se importava de trabalhar. Ela foi ao campo para catar espigas, pois não teve medo de enfrentar o desconhecido e investiu todas suas forças para recomeçar. Uma mulher muito acima da média é firme e determinada e não se apoia em nenhum tipo de dependência que manipule de forma destrutiva o seu destino. Não dependa de um homem para cuidar de você, fazê-la feliz ou suprir necessidades emocionais ou financeiras. Não se apoie em muletas que impedem seu avanço e anulam sua real capacidade de descobrir que suas virtudes podem levá-la a lugares altos. Tudo que o mundo precisa agora é de mulheres virtuosas, superiores, que esteja acima dos parâmetros da "mulher perfeita" da sociedade. A mulher ideal foi descrita em Provérbios 31 e nenhuma estilista ou profissional da moda pode mudar padrões divinos. Uma mulher flor está acima do que falam ou pensam a respeito dela, já que seu coração está firme no que Deus diz a seu respeito e nisso se traduz: "Você é a menina dos olhos de Deus!".

A sua família precisa de uma mulher acima da média. O seu casamento precisa de uma mulher acima da média. Os seus filhos precisam de uma mulher acima da média. Eu encorajo você, querida mulher, no perfeito jardim de Deus a abraçar as mudanças que elevam sua vida e a ser a força de transformação que engrandece a vida de outras pessoas também.

O mundo precisa de mulheres que estão muito acima de seus problemas financeiros e de suas aflições. Quando você enfrentar períodos difíceis ou tragédias, em vez de olhar apenas para si, olhe para quem está à sua volta. Em vez de se sentir ferida e magoada e querer piedade, encontre alguém com feridas piores e ajude a curá-las. Faça como Jesus: dois peixes e cinco pães de cevada alimentaram uma multidão. Uma mulher muito acima pode tomar o pouco de sua dispensa e alimentar a família, os vizinhos e amigos. Uma mulher muito acima pode não ser perfeita, mas ela é aquela que teme ao Senhor. Ela pode não ter sido capaz de nos dar o que queremos, mas sempre foi capaz de nos fornecer o que precisávamos.

Elas estão muito acima de coisas mesquinhas, de rancores ou da falta de perdão. Estão muito acima de fofocas ou comentários inúteis.

Uma mulher que é um exemplo para os outros verem. Uma mulher virtuosa é aquela que odeia o pecado, que coloca sua fé e confiança no Senhor. Ela sabe que nenhuma arma forjada contra ela prosperará. Sabe que não é a cabeça do homem, mas quando em determinadas situações ela é a cabeça, e não a cauda. Embora o vaso mais fraco, é feita forte pela sabedoria e graça.

*Regozijar-me-ei muito no Senhor, a minha alma se alegrará no meu Deus; porque me vestiu de roupas de salvação, cobriu-me com o manto de justiça, como um noivo se adorna com turbante sacerdotal, e como a noiva que se enfeita com as suas joias.* (Isaías 61.10)

Mulheres virtuosas estão muito acima de seus problemas, de todo peso do pecado que tão facilmente a cercam. Elas estão muito acima de suas lutas e vivem vitoriosamente sobre circunstâncias terrenas. Podem viver com sucesso na área da derrota. Sabem como viver uma vida abundante no meio de uma situação de deserto. Sabem que seu Redentor vive e ela nunca deixará de lhe agradecer por mais um novo dia. São mulheres de visão, e destino. Deus colocou dentro de seu espírito um ministério. Não têm vergonha de lavar os pés de Jesus com suas lágrimas e secá-los com os seus cabelos, porque só Ele é a sua vida.

Sua cabeça está erguida, seus passos são certos e suas palavras são temperadas. A aparência retrata sua realeza dentro do corpo de Cristo. Sabem que a curva não é o fim da estrada, então se enchem de coragem para continuar a caminhar. O livro de 2 Crônicas diz que se o meu povo, que se chama pelo meu nome deve humilhar-se se quiser ser ouvido pelo Senhor. Se você quer ser uma mulher superior, primeiro vai precisar dar umas voltinhas pelo andar de baixo. Você tem que ficar de joelhos e orar, buscar a face do Senhor e se converter dos seus maus caminhos, então você vai ouvir do céu uma resposta Dele.

Mulheres são como flores e sabem que as tempestades podem vir e os ventos soprar. Haverá momentos em que parecerá que o fim chegou. Elas sabem que haverá momentos de doença, provações, sofrimentos e sonhos desfeitos. Também sabem que o choro pode durar uma noite, mas no amanhecer novas coisas se anunciarão, afinal as misericórdias do Senhor se renovam a cada manhã e são a causa de não sermos consumidas. Elas sabem sobre sementeira e sega, ela sabe sobre libertação e avanços. Uma mulher superior não gasta seu tempo concentrando-se no passado, pois sabe que o Deus que está cuidando dela não é mentiroso e vai realizar em sua vida tudo que Ele preparou desde a fundação do mundo. Elas têm como regra de fé a Palavra de Deus e por isso a escondem em seu coração. Por isso ela: *Seca-se a erva, e cai a flor, porém a Palavra de nosso Deus subsiste eternamente* (Isaías 40.8).

Não permita que nenhuma influência externa roube a fertilidade do seu jardim. Tudo que o inimigo deseja é que você não floresça e dê frutos. Entretanto, é importante também que você se submeta aos cuidados do Jardineiro Jesus, que conhece com grande propriedade tudo que é necessário para fazê-la crescer. O pessimismo e a negatividade farão de tudo para garantir que você jamais consiga superar as dificuldades e passar por cima de todos os obstáculos, mas seja perseverante. Você pode exalar um agradável perfume se decidir, afinal mulheres são como flores.

## MULHER FLOR

*Como uma flor no jardim*
*Carrego a beleza de Deus em mim*
*Delicada, pela força do vento*
*Fico em pé, não importa o tempo*
*Sinto sobre mim a Sua mão*
*Uma segurança me envolve por inteira*
*Sinto o trabalho do Jardineiro*
*De dia e de noite me regando com amor*
*O sol irradia um novo dia*
*Sou mulher flor no jardim do Criador*
*Já não sou marcada pela dor*
*Tenho as virtudes de quem superou*
*Não me entrego ao pessimismo*
*Não me sujeito à aflição*
*Sou mulher flor*
*Hoje decido viver regada pelo Senhor*

# Fontes de pesquisa

*Bíblia Nvi.*

*Bíblia revista e corrigida.*

GARDNER, P. *Quem é quem na Bíblia Sagrada.* São Paulo: Vida, 2005.

Disponível em: www.jardimdeflores.com.br

JAKES, T. D. *Mulher, tu estás livre.* São Paulo: Vida, 2010.

MEYER, J. *Nunca desista.* Bello Publicações, 2010.

WESSEL, W. WIERSBE. *Comentário bíblico expositivo.* São Paulo: Central Gospel, 2007.